# Egito Antigo

## Um Guia para os Misteriosos Deuses egípcios e para as Deusas: Amun-Ra, Osiris, Anubis, Horus & Outros (Livro dos Jovens Leitores e Estudantes)

Por Student Press Books

# Tabela de conteúdo


Tabela de conteúdo.................................................................2

Introdução............................................................................5

Seu Presente........................................................................7

Deuses Masculinos................................................................8

    Amon...............................................................................8

    Aton................................................................................12

    Atum...............................................................................14

    Hapi.................................................................................16

    Horus..............................................................................18

    Khepri.............................................................................22

    Khnum............................................................................24

    Khons..............................................................................26

    Mont...............................................................................28

    Nefertem.........................................................................30

    Ísis e Osíris......................................................................32

    Ptah................................................................................34

    Re....................................................................................37

    Shu..................................................................................41

    Sebek..............................................................................43

    Thoth..............................................................................46

Deusa Fêmea........................................................................49

    Bastet..............................................................................49

    Hathor.............................................................................51

    Heqet..............................................................................53

*Maat* ............................................................... 55

*Mut* ................................................................ 57

*Neith* .............................................................. 59

*Nekhbet* ........................................................... 61

*Nephthys* .......................................................... 63

*Nut* ................................................................ 66

*Renpit* ............................................................. 68

*Sekhmet* ............................................................ 69

*Selket* ............................................................. 71

*Tefnut* ............................................................. 73

**Deuses com Formas Masculinas e Femininas** ........................ **75**

*Anubis* ............................................................. 75

*Nun* ................................................................ 78

**Deidades Menores (Masculino)** .................................... **80**

*Apopis* ............................................................. 80

*Apis* ............................................................... 83

*Além* ............................................................... 86

*Min* ................................................................ 88

*Serapis* ............................................................ 90

**Divindades menores (Feminino)** ................................... **92**

*Ammit* .............................................................. 92

*Seshat* ............................................................. 94

*Taurt* .............................................................. 95

**Outros** .......................................................... **96**

*Akhenaton* .......................................................... 96

**Seu Presente** .................................................... **98**

Livros ........................................................................................ 99

Conclusão ................................................................................. 104

# Introdução

**Conheça os antigos deuses do Egito - Mitologia voltada para as idades de 12 anos ou mais.**

Bem-vindo à série Mitologia Cativante. Este livro apresenta a você os Deuses e Deusas do Egito e outras criaturas mitológicas do antigo Egito; apresenta os perfis dos deuses mais comuns das antigas terras das esfinge e faraós.

Não é fácil ser um deus. Num minuto você está fazendo o mundo existir, e no outro, você não tem nada além de coelhinhos de pó em seus olhos. Era difícil ser faraó, decidir se mantinha ou não todos aqueles escravos trabalhando quando podiam fazer uma pausa e tomar um pouco de café parecia uma eternidade. Mas talvez tenha sido por isso que inventaram esta pequena coisa chamada "religião".

Mergulhe no mundo antigo da mitologia egípcia. Este livro tem tudo o que você precisa saber sobre estes fascinantes seres mitológicos, desde suas representações bastante bizarras na arte até o que eles realmente fizeram e simbolizaram. O livro está apimentado com divertidas ilustrações das divindades do Egito, raramente heroicas, mas sempre intrigantes!

Faça uma viagem pelo Nilo e descubra estas antigas, mas esquivas criaturas. Quem são eles? O que sabemos de suas histórias? Como a cultura deles moldou a cultura da Grécia antiga? Aprenda tudo isso e muito mais com sua própria cópia do Antigo Egito! Descubra por que Isis é protetor e destruidor; a relação de Hathor com as vacas; o que havia de tão especial em Sobek, o Olho de Ra, e muito mais - há tanto para aprender. Pegue seu exemplar agora!

**Este livro da série Mitologia Cativante inclui:**

- Biografias fascinantes dos deuses egípcios -Ler sobre esses deuses e deusas e seus poderes.
- Retratos vívidos - Traga estes deuses à vida em sua imaginação com a ajuda de imagens estimulantes.

Sobre a série: A série Mitologia Cativante dos **Editora Student Press Books** apresenta novas perspectivas sobre deuses antigos que inspirarão os jovens leitores a considerar seu lugar na sociedade e aprender sobre a história.

# Seu Presente

Você tem um livro em suas mãos.

Não é um livro qualquer, é um livro de livros para a imprensa estudantil!
Nós escrevemos sobre os heróis negros, a capacitação das mulheres,
mitologia, filosofia, história, e outros assuntos interessantes!

Desde que você comprou um livro, queremos que você tenha outro de
graça.

Tudo o que você precisa é um endereço de e-mail e a possibilidade de
assinar nossa newsletter (o que significa que você pode cancelar a
inscrição a qualquer momento).

Então, do que você está esperando? Inscreva-se hoje e reclame seu livro
gratuito imediatamente! Tudo o que você precisa fazer é visitar o link
abaixo e digitar seu endereço de e-mail. Você receberá o link para baixar a
versão em PDF do livro imediatamente para que possa ser lido offline a
qualquer momento.

E não se preocupe - não há taxas de captura ou escondidas; apenas um
bom brinde à moda antiga de nós aqui na Student Press Books.

Visite este link agora mesmo e inscreva-se para receber seu exemplar
gratuito de um de nossos livros!

Link: https://campsite.bio/studentpressbooks

# Deuses Masculinos

## Amon

*Também se escreve Amun, Amen, Ammon, Aman, ou Hammon.*

**Deus do sopro da vida que anima todos os seres vivos, bem como o espírito que permeia cada objeto inanimado**

*Os gregos, que o chamavam de Ammon, identificaram Amon-Re com seu deus principal, Zeus, e equipararam o defeito de Min-Amon ao relâmpago de Zeus. Os romanos levaram esta identificação a sua divindade principal, Júpiter.*

Na antiga religião e mitologia egípcia, Amon era um deus cujo nome significa "o que está escondido", "o que não é visto", ou "o que não pode ser visto". Originalmente associado à cidade de Tebas, Amon se uniu mais tarde ao deus sol Re (ou Rá) como Amon-Re, rei dos deuses.

Como tal, Amon alcançou uma posição de supremacia no panteão egípcio e passou a ser considerado como um dos criadores do universo. Ele era o marido da deusa Mut e pai do deus Khons; juntos eram conhecidos como a Tríade de Tebas. Embora desconhecido e invisível, Amon foi pensado para caracterizar uma grande generosidade e influência universal.

Como Amon era invisível e associado ao ar e ao sopro da vida por toda parte, a presença de Amon, os egípcios acreditavam, podia ser sentida em rajadas de vento e nos galhardetes que os sacerdotes prendiam aos pilões do templo.

Como deus "escondido", a verdadeira forma de Amon não podia ser conhecida, mas ele foi retratado na antiga arte egípcia em uma profusão de formas. Amon é geralmente retratado como um homem barbudo com um toucado de duas plumas altas, coloridas em seções alternadas de vermelho e verde ou vermelho e azul.

Ao redor do pescoço de Amon ele usa um amplo colar de design intrincado, e muitas vezes também usa braceletes e pulseiras. As tiras de ombro são presas à sua túnica. A cauda de um animal, possivelmente um leão ou um touro, pende da parte de trás de sua túnica, um sinal de sua antiguidade. Em sua mão direita ele segura o tornozelo, o símbolo da vida, e em sua mão esquerda o cetro, o símbolo do poder. Às vezes, Amon está sentado em um trono.

O Amon-Re composto é freqüentemente mostrado como tendo um corpo humano com cabeça de falcão. Sobre a cabeça do falcão está o disco solar circundado por uma serpente (uraeus). Como as pessoas de diferentes áreas religiosas ao longo do rio Nilo consideravam os diferentes animais como mais sagrados, o Amon-Re estaria associado a esse animal; assim, às vezes ele também é mostrado como um macaco, um leão, um ganso ou um crocodilo, dependendo do local. Em forma tardia, ele é retratado com a cabeça de um carneiro.

Amon e sua contraparte feminina, Amaunet (Amunet ou Ament), formaram um par dos oito deuses e deusas da criação antiga (juntos chamados de Ogdoad) de Hermopolis. Quando Amon é mostrado junto com Amaunet, ele geralmente é retratado com a cabeça de um sapo, e ela tem a cabeça de uma serpente. Quando o próprio Amon é retratado com o uraeus, Amaunet tem a cabeça de um gato.

Amon também foi às vezes fundido com o deus Min (Amsu) como Min-Amon, e então ele é mostrado com o símbolo de seu braço erguido. Como

Min-Amon, ele simbolizava o poder criativo e generativo da sexualidade masculina.

Nos últimos tempos da dinastia, especialmente no período Ptolemaico, as figuras de Amon-Re foram moldadas em bronze que incorporavam todos os atributos importantes do deus. Nestas figuras ele tem a cabeça de um homem barbudo, o corpo de um besouro, as asas de um falcão, as pernas de um homem com os dedos dos pés e garras de um leão, quatro braços e quatro asas. O disco solar repousa sobre os chifres de carneiro acima dele, e uma cobra com cabeça de leão é acrescentada ao desenho.

Pensa-se que Amon é de origem muito antiga, possivelmente até pré-dinástica, talvez como um deus da agricultura, uma divindade local cujo culto se centrava em torno da cidade de Tebas. Um santuário para Amon foi construído no Apt, o bairro norte de Tebas, durante a 12a. dinastia.

O status de Amon como deus subiu junto com as fortunas políticas de sua cidade natal. Rapidamente, no espaço de cerca de cem anos, Amon passou de divindade local a criador do universo, à medida que os príncipes de Theban ganhavam soberania. Tebas tornou-se a capital de todo o Egito e o lar dos faraós do Novo Reino.

Possivelmente para evitar rivalidades teológicas ou para superar tais rivalidades, os sacerdotes de Tebas declararam Amon como sendo um com o popular e amplamente cultuado deus criador do sol Re, chamando-o de Amon-Re. Nesta forma ele era agora considerado rei dos deuses, divindade suprema do Egito, fonte de toda a vida no céu, na terra e no submundo.

Amon tornou-se a divindade guardiã dos faraós da 18ª dinastia, e o faraó governante foi considerado como o deus encarnado. O poder e a força de Amon-Re foram descritos em muitos hinos de louvor egípcios, como por exemplo no papiro de Hu-nefer.

Grandes templos foram construídos em seu nome em Luxor e Karnak. Centros de sua adoração também apareceram em Hermonthis, Coptos, Panopolis, Hermopolis Magna, Memphis, Sais, Heliópolis e Mendes, e o deus era adorado nas dependências egípcias da Síria, Núbia e outros lugares. Somente o deus dos mortos, Osíris, rivalizou com ele na adoração popular.

Como os padres de Amon-Re tornaram-se imensamente ricos e poderosos, eles declararam Amon-Re o "Um", que não tinha "nenhum segundo". Na verdade, Amon-Re começou a absorver as características de todos os deuses, supostamente unificando-os e personificando-os a todos.

O egiptólogo Lewis Spence considerou esta uma das tentativas mais sérias na antiguidade para formular um sistema de monoteísmo. No final da dinastia Ramesside, o próprio ofício de faraó foi conferido ao sumo sacerdote de Amon-Re, e a 21ª dinastia é conhecida como a dinastia dos reis-príncipes.

Um santuário e oráculo de Júpiter-Ammon estava localizado na cidade líbia de Siwa. Segundo o historiador grego Heródoto, este oráculo havia sido fundado por uma sacerdotisa Theban de Amon-Re que havia sido raptada por fenícios e vendida na Líbia.

O oráculo era famoso e muito visitado nos tempos clássicos, consultado por figuras históricas como os líderes militares Lysander, Aníbal e Alexandre o Grande, o último dos quais pediu ao oráculo que lhe dissesse se ele era o filho do próprio deus.

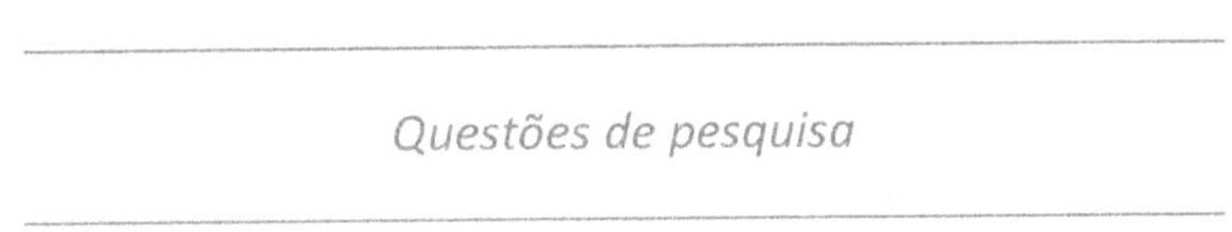

*Questões de pesquisa*

1. Quais são seus pensamentos sobre os antigos deuses egípcios?
2. Qual dos Deuses egípcios o assustou ou o impressionou mais?
3. Quais são alguns de seus mitos egípcios favoritos?

# Aton

*Também se escreve Aten.*

## O Aton é o disco do sol

O disco solar era tradicionalmente adorado apenas como um aspecto do deus sol Re. Durante o reinado do controverso faraó da 18ª dinastia Akhenaton (também soletrado Ikhnaton, também chamado Amenhotep IV; governou 1353-36 bc), o disco solar, anteriormente pensado como sendo a morada do deus sol Re em sua jornada através do céu, tornou-se o objeto de adoração em si mesmo, significando a síntese do deus sol e seu disco brilhante, visível a todos. Akhenaton também perseguiu os sacerdotes de Amon, deus de Tebas.

A religião do Aton tem sido considerada a primeira instância histórica conhecida do monoteísmo. O documento sobrevivente mais importante da religião é o Hino Aton, que foi inscrito em várias versões em túmulos. Como alguns outros hinos de sua época, o texto focaliza o mundo da natureza e a disposição benéfica do deus para ele.

Embora a natureza precisa da adoração do Aton continue nebulosa, durante a época de Akhenaton ela se tornou a religião oficial, centrada em torno da nova capital de Akhenaton, Akhetaton ("Horizonte do Aton"), ou Tell el-Amarna.

Os deuses egípcios eram freqüentemente representados simbolicamente na forma humana com uma cabeça humana ou animal, mas o Aton não era antropomorfizado da mesma forma. Ao contrário, ele era mostrado apenas como o disco do sol, com linhas de raios emanando para baixo dele; os raios terminavam em mãos humanas, às vezes segurando o tornozelo, o símbolo da vida.

Nenhum mito ou história envolvente foi contada sobre o deus, mas na arte, um movimento estético definido também está associado a este período. Após o fim do reinado de Akhenaton, a nova religião do Aton foi considerada heresia, e houve um retorno abrupto à crença em Amon-Re e no tradicional panteão egípcio, embora um santuário do Aton tenha sobrevivido na cidade de Heliópolis.

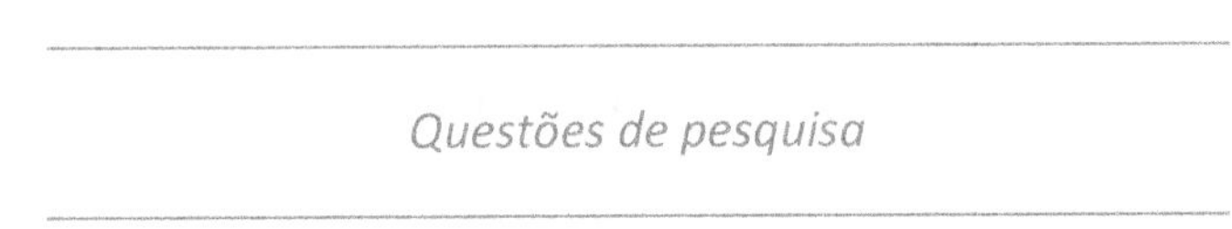

*Questões de pesquisa*

1. Que criaturas mitológicas se originaram no antigo Egito?
2. Qual é a coisa mais engraçada que você já ouviu falar sobre um deus egípcio?
3. O que você acha que é a coisa mais importante a lembrar ao estudar a história e a cultura do antigo Egito, considerando que todas as suas divindades e costumes funerários estavam tão intimamente associados uns com os outros?

# Atum

*Também chamado Atem, Atmu, Temu, ou Temu.*

**Uma divindade solar pré-dinástica está associada à noite ou ao pôr-do-sol**

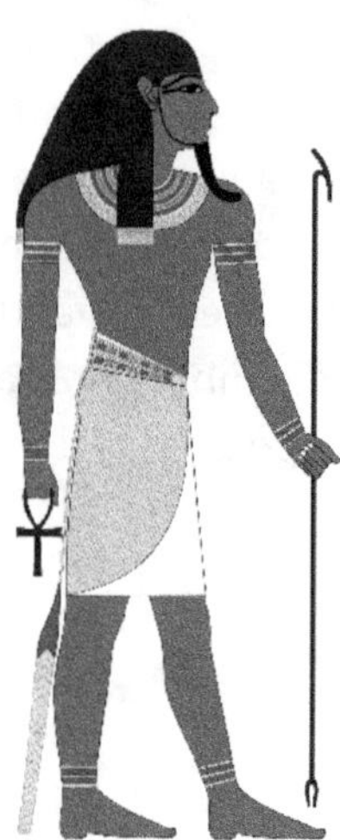

Atum foi creditado como sendo o pai dos gêmeos Shu e Tefnut. Ele era um deus local da cidade de Heliópolis que se fundiu com a poderosa divindade solar Re em um composto chamado Re-Atum. De acordo com a coleção de textos mortuários, Livro dos Mortos, a manifestação física do Re-Atum era o sol ao descer no céu, como o deus Khepri era o sol ao subir, e o próprio Re era o sol em seu ápice, ao meio-dia.

A revisão de Theban do Livro dos Mortos também ligou Atum com Osíris e retratou os dois como deuses cujos corpos nunca experimentaram a decadência física.

Atum era normalmente representado como um rei, usando as coroas do Alto e Baixo Egito e carregando um tornozelo, o símbolo da vida, e um cetro, o símbolo do poder. Um dos deuses mais antigos adorados no Egito, Atum ocupava um lugar importante na mitologia egípcia como o criador dos outros deuses.

Como uma forma de Re, Atum se criou a si mesmo a partir das águas primordiais do caos, chamado Nun. Ele então deu à luz Shu e Tefnut a partir de seu sêmen ou cuspindo-os de seu próprio corpo. Em outra versão deste mito da criação, Atum e a deusa da fertilidade cabeça de vaca Hathor eram os pais de Shu e Tefnut. Em tempos posteriores, pensou-se que Atum tinha uma contraparte feminina, Temt (também soletrada Temit).

Em um mito egípcio, Atum causou uma grande enchente que cobriu toda a terra e destruiu toda a humanidade, exceto aqueles que permaneceram em seu barco. Foi uma história de dilúvio com semelhanças com o conto bíblico de Noé e a Arca.

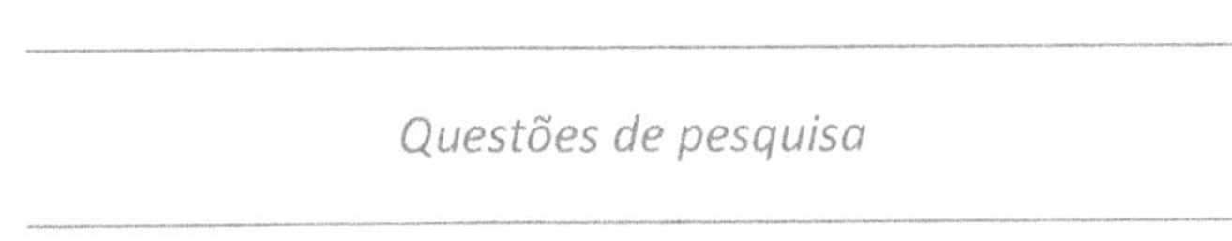

*Questões de pesquisa*

1. Em um dia comum, de que deus egípcio antigo você mais gostaria de tomar a forma?
2. Qual deus egípcio você mais gosta?
3. Quem tem o melhor penteado de todos os deuses egípcios?

# Hapi

*Também se soletra Hapy ou Hap.*

## O deus do rio Nilo

O Hapi era geralmente retratado como um velho gordo com seios pendentes de uma mulher que simbolizavam a fertilidade do rio. Ele usava uma coroa de plantas de papiro e lótus, símbolos do sul e do norte, ou carregava o papiro e o lótus em seus braços, mostrando que o rio era o elo entre o Alto e o Baixo Egito.

Como a personificação do Nilo, Hapi era um aspecto de Nun, as águas primitivas abismais das quais todas as coisas, incluindo o grande deus sol Re, surgiram. Pensava-se que o Nilo fazia parte de uma corrente celestial que circundava a terra; o barco do Re navegava sobre essa corrente todos os dias.

Em um nível prático, o Nilo era uma fonte contínua de sustento para os egípcios, que dependiam da água que dava vida de seus aumentos periódicos para suas plantações. Devido ao papel central do Nilo na vida egípcia antiga, Hapi ocupou um lugar único e assumiu uma importância especial na religião egípcia, embora não fosse um deus santificado em nenhum dos sistemas teológicos egípcios sacerdotais.

No final da Era Dinástica (664-332 bc), Hapi passou a ser considerado o criador de todas as coisas, e hinos elogiando o deus por sua importância vital para todos os que viveram foram dedicados a esta divindade.

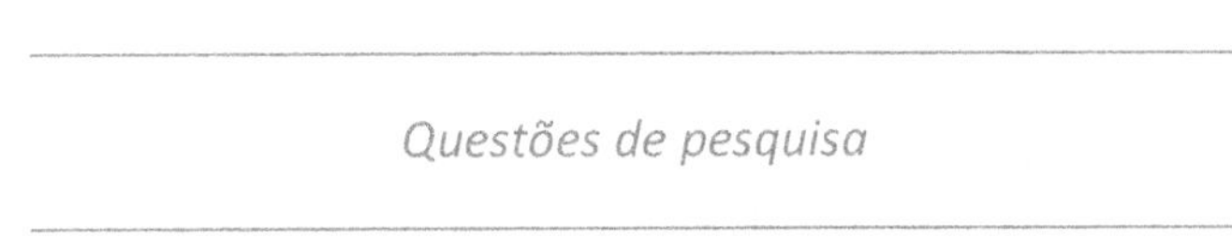



1.  Você acha que certos deuses praticam o engano e a trapaça com demasiada freqüência para seu próprio bem?
2.  Que responsabilidade a humanidade tem quando se encontra numa posição em que deve se comunicar com os deuses egípcios?
3.  Por que (alguns) deuses egípcios estão sempre lutando uns com os outros?

# Horus



**O deus do céu com cabeça de falcão ou falcão, o filho de Osíris e Ísis**

Horus compreendia muitos aspectos como uma divindade central no panteão egípcio. A adoração de Horus teve origem nos tempos prédinásticos e se espalhou e consolidou em todo o antigo Egito. Hórus também era freqüentemente amalgamado com uma ou duas outras divindades. Na época romana, Hórus e sua mãe, Ísis, eram adorados juntos.

Ísis, Osíris, Nephthys e Seth eram os quatro filhos da deusa do céu Nut e o deus da terra Geb. De acordo com o mito mais difundido do nascimento de Horus, ele era o filho de Ísis e Osíris. Ísis o concebeu por magia depois que seu irmão e seu marido Osíris haviam sido assassinados pelo malvado Seth.

Isis se escondeu nos pântanos do delta do rio Nilo e deu à luz a Horus. Ela o criou secretamente para evitar que Seth o encontrasse e o prejudicasse.

Quando ele cresceu, Horus desafiou seu tio Seth a combater para vingar a morte de seu pai. Esse combate às vezes foi interpretado como uma batalha entre o espírito da luz, personificado como Horus, e o espírito das trevas, personificado como Seth. É também considerada uma luta pela sucessão à realeza, pois Horus, filho do rei legítimo, desafiou a reivindicação de seu tio ao trono. Historicamente, o símbolo da realeza era o falcão, e o nome de Horus estava ligado ao rei como o primeiro título de seu nome real no final dos tempos pré-dinásticos.

Em sua batalha, Horus perdeu um olho. Seth também foi ferido, e os deuses o julgaram o perdedor da batalha. Em várias versões, Seth foi forçado a devolver o olho, ou, alternativamente, o deus Toth curou o olho e o restituiu a Hórus.

O símbolo do olho restaurado, conhecido como utchat, foi considerado um poderoso amuleto. Em uma versão do mito, Horus deu seu olho restaurado a seu pai Osíris, o deus dos mortos. Em seu lugar, ele colocou uma serpente divina, que depois foi o emblema da realeza. Hórus sucedeu seu pai, Osíris, como faraó vivo e rei de toda a terra.

De acordo com outros mitos, Horus era o filho da deusa da fertilidade Hathor, cujo nome significava a "casa de Horus". Ao cair da noite, Horus, na forma de um falcão, voava para a boca de Hathor, e todas as manhãs ele voava para fora de seu ventre, renascendo.

Os quatro filhos de Horus desempenharam papéis significativos em rituais funerários egípcios. Eles guardavam os frascos canópicos que continham os órgãos internos do corpo mumificado. Estes potes foram colocados perto da múmia no momento do enterro. O topo de cada frasco se assemelhava ao deus que tinha jurisdição sobre o conteúdo.

O Amset de cabeça humana (também chamado Mestha ou Imsety) guardava o fígado da pessoa morta e estava ele próprio sob a proteção de Ísis. Hapi, cabeça de babuíno, guardava os pulmões e era protegido pela irmã de Ísis, Nephthys. Jackal ou Duamutef, cabeça de cachorro, guardava o estômago e era protegido pela deusa Neith (ou Net).

O cabeçudo Qebsennuf guardava os intestinos e era protegido pela deusa Selket. Estes quatro filhos de Horus eram freqüentemente representados em cenas funerárias; no Livro dos Mortos, suas figuras estão acima de um lótus aberto, na presença de Osíris.

Os principais aspectos do Horus tinham formas distintas e funções bem definidas. Pensa-se que eles podem ter sido deuses separados em tempos antigos, mas acabaram sendo fundidos em aspectos do mesmo deus. Entre essas formas estavam Horus quando criança, como homem, como vingador de seu pai e como um deus unido com Re.

Harpocrates (ou Har-pe-khrad) era adorado como Horus, a Criança. Muitas vezes ele era retratado como uma criança amamentada por Ísis. Algumas vezes ele era representado por um menino adolescente nu com seu cabelo no característico sidelock, denotando juventude. Haroeris (Harwer) era o nome de Horus, o Ancião, ou Horus, o Grande. De origem pré-dinástica, este aspecto de Horus era considerado o filho de Re e Hathor, ou, alternativamente, de Khnum e Heqet.

Harmakhis (Har-em-akhet) era cabeça de falcão e usava a coroa dupla do Egito. Este aspecto de Horus foi associado à batalha para derrotar Seth, o deus da morte e do mal. Harsiesis (Har-si-Ese) foi associado a Hórus como vingador de seu pai Osíris e foi adorado no grande templo de Idfu.

Foi em Idfu que se acreditou que a lendária batalha entre Horus e Seth tivesse ocorrido; o mito pode ter tido origem como um conflito real entre as facções reais durante a 2ª dinastia.

Os gregos equipararam Harsiesis com seu deus Apolo. Ele foi representado como um humano com a cabeça de um falcão, usando uma coroa dupla, empunhando uma lâmina curva e segurando um tornozelo, o símbolo da vida. Harakhte (também chamado Herkhty ou Harmachis), ou Horus of the Horizon, foi ligado à Grande Esfinge de Gizé. Harakhte foi retratado como humano com a cabeça de um falcão ou falcão. Este aspecto de Hórus foi pensado como sendo uma manifestação do deus sol Re.

---

*Questões de pesquisa*

---

1.  Qual Deus é o pai de Horus e por que Horus o protege tão diligentemente?

---

2.  Quais são alguns outros nomes que seus deuses egípcios favoritos usam?

3.  Se algum desses deuses pudesse levar uma pessoa a outra dimensão ou outra, quem você escolheria para viver no mundo deles?

# Khepri

*Também se escreve Khepra, Khepera, Khopri, Kheprer, ou Chepera.*

## O deus do sol da manhã

Khepri foi representado como um humano com a cabeça de um escaravelho ou simplesmente pela forma do próprio escaravelho. O Khepri representa o poder criativo e transformador do sol. Como o sol da manhã, o Khepri era considerado um aspecto do deus sol Re.

Os antigos egípcios notaram que o escaravelho, ou escaravelho de esterco, deposita seus ovos em uma bola de esterco e rola a bola ao longo do solo enquanto os ovos dentro eclodem em estágios larvares e ninfas. Após 40 dias as crias emergem como pequenos escaravelhos alados. É possível que esses escaravelhos tenham sido associados ao sol porque voam durante a parte mais quente do dia.

Os egípcios acreditavam que os Osíris mortos sofreram tal metamorfose na escuridão do submundo (Duat) e, como os escaravelhos emergem da matéria inerte com um núcleo vivo que se transforma em vida ativa, Khepri simbolizava a ressurreição do corpo. Re, como Khepri, rolou o sol sobre o céu de uma maneira que o escaravelho de esterco rolou sua bola sobre a terra.

Acreditava-se que o escaravelho em si era uma encarnação do deus Khepri, e assim se acreditava que amuletos e encantos em forma de escaravelho atraíam o poder e a proteção do deus e garantiam o renascimento do portador.

Tais amuletos eram freqüentemente enterrados com o cadáver mumificado para garantir o renascimento e a passagem segura através do submundo. Muitas vezes estes escaravelhos tinham inscrições do Livro dos Mortos, uma coleção de textos mortuários, esculpidos neles. Já na época romana, os anéis de escaravelho eram conhecidos por terem sido usados por soldados romanos que estavam entrando em batalha.

A adoração do escaravelho era muito mais antiga no Egito do que a adoração de Re. Em alguns mitos, o próprio Khepri surgiu do caos primitivo, Nun, e criou o universo; em uma variação, foi Re quem criou o universo na forma de Khepri.

Por união sexual com sua própria sombra, Khepri então foi pai do deus do ar Shu e sua irmã Tefnut, deusa da umidade, da qual o resto dos deuses descenderam.

1. O que os egípcios acreditam ser importante sobre suas divindades e por que todos devem se preocupar com as crenças de uma cultura sobre suas divindades, se não para aprender e crescer como pessoa?
2. Você escolheria associar-se apenas aos deuses egípcios que tinham boas intenções para com os humanos no coração, ou não os julgaria dos dias anteriores pela forma como os vemos hoje?
3. Qual foi a coisa mais interessante que você aprendeu hoje ou na semana passada ao estudar este tópico?

# Khnum

*Também se soletra Khnemu, Khnoumis, Chnuphis, Chnemu, ou Chnum.*

**Um deus da criação cabeça de carneiro que moldou o ser humano na roda de seu oleiro**

Associado ao deus Ptah de Memphis, que se acreditava ter moldado o céu e a terra na roda de um oleiro, Khnum foi creditado por moldar o grande ovo cósmico que continha o sol e moldar todo o povo do mundo na roda de seu próprio oleiro. Seu nome significa "moldador".

Khnum também está associado com a deusa Maat (verdade) e Thoth, o escriba divino. O centro de sua adoração durante o Novo Reino foi em Elefantino, a região que os antigos egípcios acreditavam ser a nascente do rio Nilo. Khnum foi chamado Senhor da Primeira Catarata, e sua deusa companheira, Satet, foi adorada em Elefantino antes dele.

Originalmente, Khnum pode ter sido uma deusa e não um deus. Ele é conhecido por ter sido adorado já em 3000 bc. O lugar de Khnum no panteão evoluiu através da história egípcia, mas ele sempre foi considerado uma divindade importante. O templo funerário do Novo Reino da Rainha Hatshepsut em Dayr al-Bahri contém um retrato do deus Khnum que forma o corpo e a alma da rainha ao volante de seu oleiro.

Tão tarde quanto 300, sua imagem apareceu em papyri e pedras preciosas gnósticas.



1. Quais são seus cinco principais deuses egípcios com poder?
2. Nos mitos, a maioria das pessoas usa os deuses para legitimar seu governo e poder sobre as pessoas - por que você acha que isso aconteceu?
3. Você tem um par de deuses egípcios favorito? Por que eles são seus favoritos?

# Khons

*Também se escreve Khonsu, Chunsu, Khuns, ou Chons.*

**Um deus da cura, da fertilidade, da concepção e do parto**

Considerado tanto uma divindade solar quanto lunar, embora mais frequentemente associado a esta última, Khons era o filho do deus Amon e da deusa Mut. Junto com seus pais, ele era adorado como parte da tríade em Tebas. Ele também era considerado um navegador que cruzou o céu em um barco, e neste papel Khons era chamado de "o Viajante".

Como filho de Amon e Mut, Khons teve um papel na tríade Theban equivalente ao de Nefertem, filho de Ptah e Sekhmet, na tríade anterior de Memphis. Com seus pais, Khons foi retratado como um menino nu com seu cabelo na mecha lateral que caracterizava a juventude.

Em sua forma adulta, Khons foi retratado como um homem humano, às vezes com a cabeça de um falcão, coroado com o disco lunar e a lua crescente ou com o disco solar e a cobra (uraeus). Em suas mãos ele segurava todos os símbolos de divindade e poder para mostrar a amplitude de seu domínio.

Em um mito, um rei de Tebas rezou a Khons para salvar a filha do príncipe de Bekhten, que estava doente porque tinha sido possuída por um demônio. O rei rezou a uma estátua de Khons, e a estátua acenou com a cabeça para mostrar que iria responder à oração do rei e ajudar a jovem princesa.

A estátua foi então enviada para a cidade do príncipe, e Khons forçou o demônio a deixar o corpo da garota. Então Khons voou de volta para Tebas na forma de um falcão.

1.  Quem era o deus da escrita e da medição pelos antigos egípcios?
2.  Quantos deuses você pode nomear que tiveram uma associação com um determinado animal(es)?
3.  Quais são seus pensamentos sobre os deuses egípcios masculinos?

# Mont

*Também se soletra Ment, Mentu, Menthu, Montu, ou Munt.*

**Uma divindade solar com cabeça de falcão, às vezes considerada um deus da guerra.**

Antes do nascimento de Amon-Re, Mont, muitas vezes combinado com o deus sol Re, era adorado em Tebas como o deus Mont-Re.

Mont foi adorada em Karnak e Hermonthis (Armant) como senhor do céu e também em Idfu e Dandarah (Dendera). Em Memphis, Egito, ele foi associado com o touro sagrado de Re.

Mont era normalmente representado como o corpo de um homem com a cabeça de um falcão ou falcão, vestindo um chapéu de uraeus (cobra), disco solar, e plumas duplas.

Acredita-se que esta divindade personificou o calor destrutivo do sol e que os egípcios rezaram a Mont para destruir seus inimigos na guerra, usando suas lanças ardentes.

*Questões de pesquisa*

1. Qual o deus egípcio masculino mais sexy de todos os deuses egípcios?
2. Esses antigos egípcios tinham alguma personificação para com suas divindades?
3. Que ferramenta se acredita ter sido usada pelos egípcios para várias funções, incluindo a remoção de impurezas do ouro?

# Nefertem

*Também se soletra Nefertum.*

**O deus de cada manhã de criação do dia, associado com a flor de lótus**

Nefertem também era o deus dos perfumes e aromáticos, pois a química dos óleos perfumados era uma ciência egípcia importante e altamente sofisticada.

Nefertem, junto com sua mãe Sekhmet e seu pai Ptah, constituíram a tríade de deuses cujo culto estava centrado na cidade egípcia de Memphis.

Nefertem foi simbolizada pelo lótus porque em alguns mitos pensava-se que o sol saía de uma flor de lótus todas as manhãs e voltava para um lótus à noite. Ele era geralmente retratado como um homem humano vestindo um toucado amassado, segurando um cetro de lótus, um sabre curvo, ou o ankh, o símbolo da vida.

Às vezes Nefertem era mostrado com a cabeça de um leão e o corpo de uma múmia ou de pé sobre as costas de um leão. Em textos posteriores, ele era associado ou a Horus ou a Thoth. O irmão de Nefertem I-em-hetep (também escrito Imhotep), que significa "Venho em paz", também era o filho de Ptah. O I-em-hetep era um deus da cura e da arte da medicina;

Nefertem era normalmente mostrado usando uma tampa de caveira e carregando um rolo de papiro para simbolizar o estudo e o aprendizado.

O I-em-hetep foi derivado de uma figura histórica real: Imhotep, o arquiteto da pirâmide de passos do rei Djoser em Saqqārah, foi considerado tão brilhante que foi deificado.

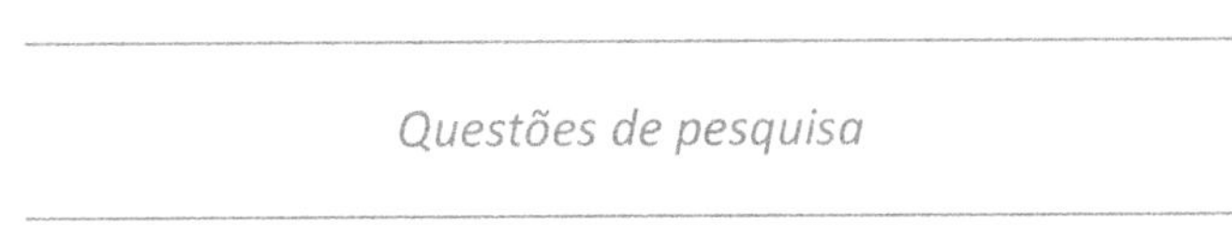



1. Quem é seu deus egípcio masculino favorito?
2. Onde encontramos registros do antigo Egito?
3. Como você acha que era o povo egípcio antes de ser governado pelos faraós?

# Ísis e Osíris

**Deus do sol, da agricultura e da saúde. Sua rainha é Ísis, que também é sua esposa e irmã.**

Ísis representava a lua, como Osíris representava o sol, e acredita-se que tenha ensinado aos egípcios as artes da agricultura e da medicina. A Ísis também foi creditada com a instituição do casamento.

Osíris tinha um irmão mau, Seth, deus do deserto. Seth induziu Osíris a entrar numa grande arca, que depois foi fechada e jogada no rio Nilo. Isis recuperou o corpo de seu marido, mas Seth pegou-o e o cortou em pedaços. Ísis enterrou os pedaços, e Osíris foi então considerado como deus dos mortos. Seu filho, Horus, vingou o assassinato conquistando Seth.

Na Terra, Osíris tomou a forma do touro sagrado, Apis. Dos nomes combinados Osiris-Apis veio Sarapis, outro nome para Osiris. Mais tarde Sarapis foi pensado como um deus separado. Osíris era freqüentemente representado envolto em panos de múmia e usando uma coroa.

Isis foi freqüentemente fotografada com seu filho menor, Horus. Isis também era representada usando chifres de vaca, uma vez que a vaca era considerada sagrada para ela. A partir do século VII a.C. seu culto era o mais popular no Egito. No porto marítimo de Alexandria, Ísis era considerada como padroeira dos marinheiros, e de lá seu culto se espalhou pela Grécia e Roma.



1.  Compare Osíris e Horus: quais são as principais diferenças entre eles e como cada um deles se tornou Rei do Egito?
2.  Por que Isis é uma deusa tão importante no Egito?
3.  Dizer algo que torne Osiris simplesmente incrível?

# Ptah

*Também se soletra Phthah.*

**O arquiteto cósmico, um deus das artes, ofícios e ofícios, e um protetor dos artesãos**

---

*Os gregos identificaram Ptah com seu deus Hefesto, e os romanos o identificaram com Vulcano.*

---

Ptah é um dos deuses mais importantes do panteão egípcio. Ele era a divindade principal da cidade de Memphis, e com sua esposa Sekhmet e filho Nefertem, formou a tríade dos deuses de Memphis.

Na arte egípcia, Ptah era frequentemente retratado como uma figura masculina careca e barbudo, que usava um gorro apertado e um colarinho de pescoço elaborado; seu corpo era envolto em uma roupa apertada que deixava apenas suas mãos livres. O menat, o símbolo do prazer e da felicidade, pendurado na parte de trás de seu pescoço.

Ptah sentou-se ou ficou em um pedestal simbólico de Maat, que representava a verdade e a justiça, e segurou em suas mãos o tornozelo, um símbolo de vida, e o cetro, um símbolo de poder. Às vezes ele era mostrado ao volante de seu oleiro. Os hieróglifos que representavam seu nome incluíam os significados "abrir", "gravar", "esculpir" e "esculpir". O próprio nome Ptah pode ter significado "escultor" ou "gravador".

O principal atributo de Ptah foi seu poder de dar forma a tudo, e ele foi chamado de Arquiteto do Universo. Ele moldou os deuses, as cidades, as províncias do Egito, e todas as coisas de beleza. De acordo com um texto, Ptah foi o pai de Atum, que mais tarde se tornou o deus sol Re.

Os egípcios acreditavam que Re iria originar pensamentos. Então o deus da inteligência, Thoth, daria palavras aos pensamentos de Re. Mas foi Ptah quem deu forma a esses pensamentos. Ptah foi auxiliado por Maat, deusa da verdade e da justiça, e pelo deus Khnemu, que moldou os humanos na roda de seu próprio oleiro. Ptah foi uma força criativa mesmo na morte, pois ele moldaria novos corpos para que as almas dos falecidos habitassem no Duat (submundo).

Ptah foi freqüentemente associado ou mesmo fundido com outros deuses, particularmente com Osíris e Seker (também soletrado Soker). Ptah foi considerado como tendo existido no início dos tempos dentro de Nun, o caos aquoso primitivo, e Ptah criou o mundo a partir desse caos, seja amassando lama ou através da fala.

Ptah foi identificado de alguma forma com o touro Apis, que também era adorado em Memphis. Este touro foi considerado como a encarnação de Ptah durante sua vida, mas quando morreu, assumiu a identidade do deus Osíris e foi chamado de Serapis.

Ptah também foi considerado como tendo absorvido as qualidades de um deus pré-dinástico chamado Tenen, e esta forma combinada foi geralmente representada como um macho humano com uma coroa de penas de avestruz, segurando uma cimitarra. Ocasionalmente Ptah era mostrado com os Sete Sábios, seres que vinham das lágrimas de Re e assumiam a forma de falcões.

Os Sete Sábios, juntamente com Toth em seu papel de escriba, governaram as cartas e o aprendizado. Nestes cenários, Ptah foi a força que executou os ditames destas divindades, dando forma aos seus desenhos.

Após a heresia de Akhenaton ter sido denunciada e Tutankhamen ter restaurado a religião tradicional, foi declarado que todos os deuses eram em essência três deuses: Amon, Re, e Ptah. Durante a era Ramesside, Ptah ainda era altamente considerado; tanto assim que o quarto filho de Ramsés o Grande, Khaemwese, era famoso como o sumo sacerdote de Ptah em Memphis.

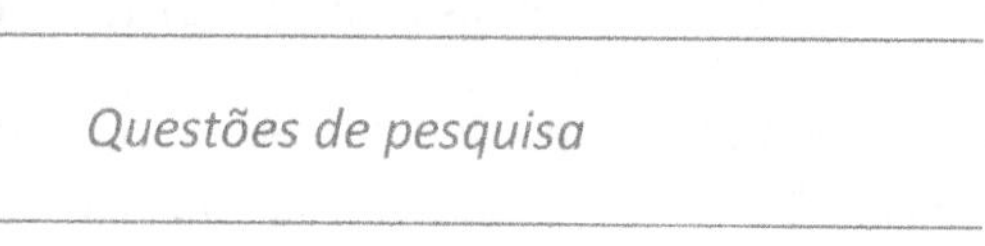



1.  Quem foi o primeiro deus egípcio masculino?
2.  Quem você diria que era o deus egípcio mais poderoso? Por que você se sente assim?
3.  O que significa ter um deus assumindo uma forma?

# Re

*Também se escreve Ra ou Phra.*

**O deus supremo sol, pai de toda a criação sob a forma de Atum**

Re, como o deus Horus, englobava numerosos atributos e era freqüentemente fundido com outros deuses para formar deuses compostos, como Amon-Re. Os faraós reivindicavam sua legitimidade para o trono como descendentes de Re. O centro de sua adoração era a cidade de Heliópolis, localizada a leste da moderna cidade do Cairo, Egito.

Re era geralmente retratado ou como um falcão ou como um homem humano com a cabeça de um falcão. Em sua forma de falcão, Re era associado com o deus Horus. O endereço característico de Re era um disco solar circundado por um uraeus, ou serpente. Na forma humana, ele segura o tornozelo, o símbolo da vida, em sua mão direita, e o cetro, o símbolo do poder, em sua esquerda.

Ocasionalmente Re era representado como um leão ou gato. Como a personificação do sol em declínio, o deus era mostrado como um homem velho apoiando-se em seu bastão. Em textos hieroglíficos, seu nome era representado por um olho, ou um círculo com um ponto no centro.

Re como Atum foi o criador do universo, e todos os deuses que participaram da criação foram, em última instância, considerados como aspectos do Re. Quando o disco solar de Re surgiu do caos primordial aquoso de Nun, o próprio tempo começou. Re começava sua jornada novamente a cada manhã, e como o deus Khepri, cabeça de besouro, viajava através do céu em um barco celestial. Maat, a deusa da verdade e da lei, que governou a regularidade de todo movimento celestial, terrestre e do submundo, definiu o rumo do barco na época da criação. O barco da manhã foi chamado Matet (também chamado Mantchet ou Manjet), cujo nome significava "tornar-se forte". Ao meio-dia, Re alcançou o auge de seus poderes.

Quando o sol começou a diminuir Re tornou-se Atum, e ao anoitecer ele apareceu como um homem velho. Em sua descida, o deus cavalgou no barco da noite, Semktet (ou Mesektet), cujo nome significava "ficar fraco". Ele continuou sua viagem através do submundo, Duat, para espalhar luz, ar e alimento para as almas que ali residiam. Abtu e Formiga, dois peixes, nadaram na frente do barco para guiá-lo ao longo de seu caminho obscuro.

Em Duat, Re uniu forças com outros deuses contra os denizens do mal do submundo, que estavam determinados a obstruir o caminho de seu barco e assim impedir que o sol nascesse novamente na manhã seguinte.

O principal adversário de Re era o malvado Seth, que tomou a forma de uma serpente gigante chamada Apopis e engajou o deus sol na batalha pouco antes do amanhecer. Dois outros demônios, Sebau e Nak, ajudaram Apopis.

Os sacerdotes do templo de Re em Tebas recitaram versos rituais que descreviam esta batalha do bem contra o mal na crença de que isto ajudava Re em sua conquista da escuridão. Re lançou um feitiço sobre Apopis, amarrou e desmembrou o demônio, depois o queimou, enquanto o sol dispersava as brumas da noite.

Na criação, Re fez os gêmeos Shu e Tefnut, ar e umidade, respectivamente, a partir de seu sêmen ou de seu cuspo. Os gêmeos, por sua vez, deram à luz a deusa do céu Nut e o deus da terra Geb. Da união de Nut e Geb veio Osíris, Isis, Seth, e Nephthys. Juntos, essas nove divindades foram chamadas de ennead Heliopolitan (grupo de nove).

Vários mitos populares retratavam Re como um homem velho de mente fraca; em um deles, Isis quase ganhou o poder de Re. Re manteve seu verdadeiro nome em segredo, recusando-se a contá-lo a qualquer um por medo de que seu poder pudesse ser usado contra ele por seus inimigos.

Isis percebeu que se ela soubesse este nome, seria igual a ele. Isis fez uma cobra venenosa a partir do pó misturado com a saliva de Re. Ela colocou a serpente no caminho de Re enquanto ele viajava pelo céu e magicamente a fez picar o deus sol. Re foi afligido pelo veneno desta mordida e adoeceu a ponto de morrer. Isis concordou em curá-lo através de sua magia se ele lhe contasse seu nome secreto. Re o fez, e Isis, fiel a sua palavra, proferiu um encantamento mágico que curou o deus moribundo. Como ela havia planejado, sua estatura entre os deuses foi elevada, embora ela nunca usurpasse completamente o deus sol.

Em outro mito, Re, irascível em sua velhice, ficou furioso com a humanidade por desobedecê-lo. Ele enviou a deusa da fertilidade cabeça de vaca Hathor, acompanhada pela deusa das chamas cabeça de leão, Sekhmet, para destruir a humanidade. Hathor e Sekhmet desfrutaram do massacre, encharcando-se em sangue.

À vista de seu frenesi, arrependeu-se. Para deter a destruição das deusas, ele inundou a terra com cerveja tingida com ocre vermelho. Pensando que era sangue, elas a beberam e ficaram tão intoxicadas que se esqueceram do massacre, e o resto da humanidade foi poupada.

O faraó Khafre (ou Chephren) da 4ª dinastia foi o primeiro rei conhecido a se pronunciar como filho do deus Re. Acreditava-se que sempre que a divindade dos faraós precisava ser fortalecida, Re assumiu a forma do faraó e impregnou a rainha. O herdeiro do trono não era considerado apenas um verdadeiro filho do deus, mas também o deus encarnado.

Durante a 5ª dinastia, a adoração de Osíris, deus do submundo, se espalhou para o sul da cidade delta de Busiris até Abydos no Alto Egito. Os sacerdotes de Re lutaram para manter a autoridade de seu deus supremo, mas pela 7ª dinastia, Osíris havia assumido uma popularidade maior do que a de Re.

Re recebeu um papel na passagem dos mortos e foi representado erguendo escadas nos túmulos dos faraós mortos para ajudá-los a escapar do submundo.

Começando na 12ª dinastia, Re começou a se fundir com Amon, o deus local de Tebas que dominava o Alto Egito. Após a expulsão dos Hyksos por Kamose, um rei da 17ª dinastia, Re como Amon-Re ganhou popularidade. Amon-Re era conhecido como o deus de quem todos os outros deuses eram aspectos. Mais tarde, Amenhotep IV tentou elevar Aton, o disco do próprio Sol, como único deus. Embora esta doutrina tenha sido rejeitada após o fim do reinado de Amenhotep IV, ela serviu para redirecionar a atenção para as divindades do sol.

Re foi evocado nas paredes dos túmulos de Seti I e Ramsés IV, e durante a 19ª e 20ª dinastias uma ladainha que continha 75 formas do nome do deus foi cantada nos templos de Re.

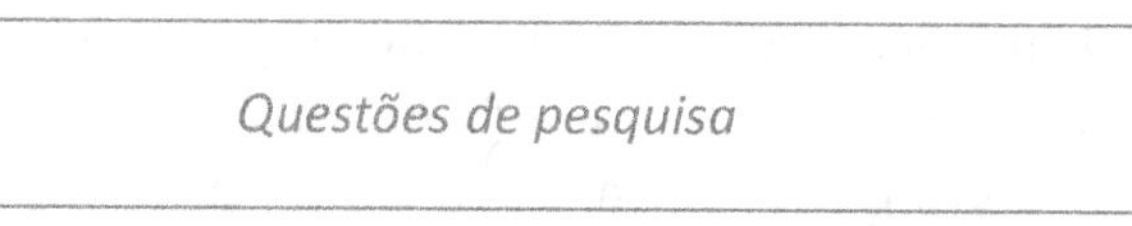

*Questões de pesquisa*

1. Como Ra é apenas um de muitos deuses e não O deus do Egito!?
2. Quais cores Ra usa?
3. Os deuses egípcios masculinos parecem masculinos ou femininos para você?

# Shu

*Também se soletra Su.*

## O deus do ar

A esposa e irmã gêmea de Shu era Tefnut, deusa da umidade. Shu e Tefnut produziram juntos duas crianças, Nut (céu) e Geb (terra). O todo-poderoso deus sol Re ordenou a Shu que separasse a deusa do céu Nut de seu irmão Geb, deus da terra, e Shu manteve os dois eternamente separados um do outro, criando luz e o espaço entre o céu e a terra. Shu era adorada como parte de um sistema de deuses na antiga cidade egípcia de Heliópolis.

Shu foi quase sempre retratado como um macho barbudo usando um toucado composto por uma pena de avestruz (o símbolo de Maat, que representava a verdade e a lei) ou várias penas e segurando um cetro, o símbolo do poder. Muitas vezes Shu era mostrado com seus pés plantados sobre Geb, a terra, e seus braços erguidos segurando o Nut, o céu. Pensava-se que o nome de Shu significava "aquele que se ergue".

De acordo com um mito, Shu e sua irmã Tefnut foram concebidos unicamente por Re em sua forma como Atum (Re-Atum). Depois que Atum se criou a si mesmo a partir de Nun, o caos aquoso primitivo, ele soprou Shu e Tefnut de sua boca.

Uma história alternativa identificou a deusa Hathor, de cabeça de vaca, em seu aspecto de consorte de Re, como a mãe de Shu. Shu foi identificada com o Atlas de titãs grego.



*Questões de pesquisa*

1. Por que você acha que os deuses egípcios morreram, mas continuam sendo importantes para nós hoje?
2. Você acha que os deuses egípcios masculinos eram percebidos de maneira diferente dos deuses femininos, em termos de papéis de gênero para os membros de seus respectivos sexos?
3. Será que todos os deuses egípcios acabaram no céu?

# Sebek

Também se escreve Sobek ou Sobk.

**Um deus associado não apenas à morte e ao submundo, mas também como um aspecto do deus todo-poderoso Re-with eternal life for the pure of heart**

---

*O historiador grego Heródoto observou que Sebek também era adorado em um templo insular no Lago Moeris, no oeste de Al-Fayyum, bem como na cidade de Tebas. A adoração do crocodilo divino, especialmente como um oráculo, durou bem até a era do Império Romano.*

---

Sebek era geralmente retratado como um homem com a cabeça de um crocodilo, coroado com o disco solar e a cobra (uraeus) ou plumas e um par de chifres. O crocodilo vivo era considerado como sendo Sebek encarnado, e em seus templos o animal era adorado e consultado como um oráculo.

De acordo com os Textos em Pirâmide do Velho Reino, no Duat (submundo) o coração dos mortos era equilibrado contra a pena de Maat, verdade ou lei.

Aqueles que falharam neste teste foram destruídos para sempre e jogados para a deusa cabeça de crocodilo Ammit, que os devorou. Mas o papel de Sebek foi tanto positivo quanto negativo, significando que a morte poderia levar a uma vida nova e eterna.

Sebek desempenhou papéis duplos como protetor e destruidor ameaçador em mitos egípcios. Ele era considerado tanto o inimigo quanto o amigo de Osíris, deus do Duat. Segundo um conto, depois de Seth ter assassinado Osíris, Sebek levou o deus morto para terra e o trouxe de volta para a deusa Ísis.

Os Pyramid Texts relataram como Sebek ajudou os mortos restaurando sua visão e outras faculdades e ajudou na luta contra Seth. Por alguns relatos, Sebek tornou-se um protetor do deus Horus quando ele era criança e o guiou através dos pântanos, onde Isis o havia escondido do assassino de seu pai. Mas em um outro relato do mito, Sebek foi retratado como uma versão do crocodilo que estava alinhada com Seth, e Ísis teve que colocar Horus em uma arca de canas de papiro tecidas para protegê-lo de Sebek, que tentou encontrar e matar a criança.

Historicamente, quando o rio Nilo estava baixo, crocodilos selvagens vagueavam pelas terras férteis do Egito, ameaçando a população. Assim, o animal tornou-se logicamente um símbolo de medo e destruição. Na coleção de textos mortuários intitulados Livro dos Mortos, os crocodilos estão entre as bestas que ameaçam a alma morta.

O aspecto benéfico do crocodilo e sua associação com Re parecia ter sido um desenvolvimento religioso posterior. Em algumas partes do Egito, o crocodilo continuou a ser morto, particularmente por esporte pela nobreza. Em outras partes, era considerado um guardião sagrado do Egito.

O centro da adoração de Sebek era Krokodilopolis, onde o crocodilo sagrado era cultivado em um lago sagrado, era domado e adornado com braceletes em suas patas dianteiras. Era alimentado com pão, carne e iguarias, incluindo bolos feitos com mel e leite, e era dado vinho para beber.

Após a morte, foi embalsamada, mumificada e enterrada com grande ritual. Sebek também foi adorado, junto com Hórus, o Ancião, no grande templo de Kom Ombo, no Alto Egito.

*Questões de pesquisa*

1. Qual deus egípcio masculino é o mais legal?
2. Esses deuses masculinos tinham suas próprias famílias, como esposas e filhos?
3. Como o antigo Egito é dominado pelos homens?

# Thoth

*Também chamado Djehuti, Djhuty, Dhouti, Zehuti, Tahuti, Zhouti, Techa, ou Thout.*

**Thoth é o deus ibis de sabedoria, inteligência e magia**

---

*Os gregos identificaram Toth com seu próprio deus Hermes e acreditaram que ele era a fonte de toda a sabedoria conhecida pela humanidade. Os gregos de Alexandria o identificaram como o mago Hermes Trismegistos ("o três vezes grande").*

---

Thoth foi um dos primeiros deuses egípcios. Como escriba dos deuses, ele estava associado à fala, literatura, artes e aprendizagem. Como medidor e gravador de tempo, ele estava associado à lua.

Thoth foi creditado como o inventor das ciências e dos hieróglifos e foi considerado pelos egípcios como o autor de sua coleção de textos mortuários intitulados Livro dos Mortos. O centro da adoração de Toth era a cidade de Hermopolis no Alto Egito.

Thoth era geralmente retratado como uma figura masculina humana com a cabeça de um ibis, uma ave aquática de bico curvo nativa da região do rio Nilo. Às vezes ele era representado apenas pelo íbis. Thoth era ocasionalmente retratado como um macaco com cabeça de cão ou um babuíno sentado com a lua crescente em sua cabeça. De acordo com seus muitos atributos, ele era retratado com uma variedade de símbolos.

Como deus do Egito, Toth carregava o ankh, o símbolo da vida, em uma mão, e na outra ele segurava um cetro, o símbolo do poder. No Livro dos Mortos, ele foi mostrado segurando uma paleta de escrita e uma caneta de cana para registrar as escrituras dos mortos.

Como voz do deus sol Re, ele carregava o utchat, ou Olho de Re, o símbolo do poder ubíquo de Re. Toth foi representado de forma variada usando uma lua crescente em seu toucado, a coroa de Atef, ou a coroa do Alto e Baixo Egito.

Toth emergiu das águas primitivas de Nun simultaneamente com Re e não nasceu para Re como os outros deuses. Toth serviu como a voz de Re. Ao falar as palavras de Re, os desejos do deus sol foram cumpridos. Re concebeu o mundo, mas foi Thoth quem falou as palavras que o criaram.

Nesta capacidade, Thoth era a personificação do discurso divino. Nos mitos da criação egípcia, Toth estava ligado a Khnum, Maat e Ptah, assim como ao Ogdoad, quatro pares de de deidades obscuras da criação de Hermopolis que representavam o surgimento de formas de vida na terra a partir da lama. Estes deuses tinham as cabeças de rãs e cobras e representavam a noite, o segredo, a obscuridade e a eternidade. Toth era considerado seu mestre.

Os egípcios acreditavam que Toth, como deus da lua, vigiava o céu noturno enquanto Re viajava através do submundo. Em outros mitos, Toth juntou-se a Re na batalha noturna contra os poderes das trevas e do mal, para que o sol pudesse nascer novamente pela manhã.

Os conselhos e intervenções de Thoth são mencionados em uma série de mitos, nos quais ele invariavelmente demonstra sabedoria e compaixão. Foi Toth quem deu à deusa Ísis as palavras do feitiço que reanimaria seu falecido marido, Osíris, e protegeria seu filho, Horus. Thoth julgou a batalha entre Horus e Seth, restaurou o olho perdido de Horus e deu a Ísis a cabeça de uma vaca depois que ela havia sido decapitada.

Thoth desempenhou um papel importante no submundo, ou Duat. Como escriba de Maat, ele registrou o julgamento da alma de cada pessoa. Era Thoth quem conhecia o encantamento que abriria os portões do Duat e permitiria que a alma entrasse protegida.

Originalmente um deus da criação, Thoth foi mais tarde creditado com a fundação de práticas cívicas e religiosas e a invenção da escrita.

Thoth foi considerado o criador de todas as ciências e artes e foi considerado o fundador de todas as estruturas cívicas, incluindo a religião e o governo. Ele contava e media tudo no céu e na terra, incluindo as estrelas.

Como retratado na arte egípcia, Thoth presidiu a gravação das escrituras dos reis egípcios. Nos rituais dos sacerdotes, Toth presidiu seus encantamentos mágicos.

---

*Questões de pesquisa*

---

1. Por que alguns desses deuses não estão interagindo bem uns com os outros?
2. Se você pudesse pensar em qualquer deus egípcio masculino para governar o mundo, com quem seria?
3. Qual é a coisa mais atraente sobre este deus egípcio?

# Deusa Fêmea

## Bastet

Também se escreve Bast, Pasht, ou Ubastet

**Uma deusa com cabeça de gato associada à música e à dança, com proteção contra doenças e espíritos malignos, e com a segurança de mulheres grávidas**

O centro de seu culto era na cidade egípcia de Bubastis, na região oriental do delta do rio Nilo, onde, segundo informações, seu templo estava no centro da cidade e sua torre podia ser vista de qualquer lugar da cidade.

Em geral, os gatos eram tidos em alta estima na cultura egípcia antiga. O historiador grego Heródoto observou que quando um incêndio deflagrava em uma casa egípcia, as pessoas estavam mais preocupadas em salvar os gatos do que em apagar o fogo. Quando um gato morreu, aqueles que viviam na casa rasparam as sobrancelhas como sinal de luto.

Bastet, de origem muito antiga, pode ter sido inicialmente concebido como um leão em vez de um gato domesticado, mas isso não é certo; ela ficou conhecida como "o Gatinho", enquanto a deusa de cabeça de leão Sekhmet ficou conhecida como "o Grande Gato". Tanto Bastet quanto Sekhmet estavam ligados ao deus Ptah de Memphis, Egito. Bastet estava associado com o benéfico poder de aquecimento do sol, enquanto Sekhmet estava associado com o poder ardente e destrutivo do sol.

O aspecto negativo de Sekhmet foi pensado para ter a mesma relação com o Bastet mais positivo que a deusa Nephthys tinha com sua irmã Isis. Ocasionalmente, Bastet também é identificado com a deusa Hathor, de cabeça de vaca. Bastet é às vezes considerado a mãe do filho de Ptah Nefertem, deus dos perfumes, mas mais freqüentemente Sekhmet recebe esta atribuição.

Na arte egípcia, Bastet é geralmente mostrado como uma mulher com a cabeça de um gato, segurando um sistrum na mão direita, simbólico de sua associação com a música, e um escudo na mão esquerda com o rosto de um gato ou de uma leoa.

Algumas vezes Bastet foi fundido com Sekhmet e o deus sol Re em uma divindade chamada Sekhmet-Bastet-Re, e esta divindade, claramente associada ao poder do sol, foi representada como um corpo feminino com uma cabeça masculina humana e duas cabeças de abutres brotando de seu pescoço. Ela tinha asas em seus braços e as garras de um leão.

A festa de Bastet em Bubastis, realizada em abril e maio, foi uma das mais populares no Egito, celebrada com festa e bebida de vinho e com cantos e danças que aconteceram em barcaças ao longo do Nilo. Há relatos de que mais de 700.000 pessoas compareceram ao festival anualmente.

Gatos mortos foram reverentemente embalsamados, mumificados e enterrados com grande cerimônia em uma necrópole no templo de Bastet. Durante o tempo do festival, o faraó se absteve de caçar leões, por respeito à deusa. Os antigos gregos equipararam Bastet à sua deusa Artemis.

---

*Questões de pesquisa*

---

1. Como o mundo poderia aprender com as deusas egípcias?
2. Será que os antigos egípcios alguma vez deixaram de adorar seus deuses?
3. Qual dos deuses egípcios femininos você mais admira e por quê?

# Hathor

*Também se soletra Athor.*

**A deusa do amor, da fertilidade, da beleza, da música e da hilaridade**

Hathor foi representada ou como uma vaca ou como uma mulher com chifres de vaca com o disco solar aninhado entre eles. A adoração prédinástica das vacas pode ter dado origem à figura de Hathor, uma das mais antigas divindades conhecidas do Egito.

O nome Hathor significa "casa de Horus", referindo-se a um mito no qual Hathor, como uma vaca, permaneceu sobre a terra de modo que suas quatro pernas se tornaram pilares que sustentavam o céu enquanto sua barriga formava o firmamento.

Horus, o deus do céu, entrava em sua boca todas as noites na forma de um falcão e renascia todas as manhãs. Por causa deste mito, Hathor era às vezes considerada a mãe de Hórus. Mais tarde, Hathor foi considerada como a esposa de Horus.

Seu filho Harsomtus, também chamado Ihy ou Ahy, foi adorado durante o período Ptolemaic como um deus da música. Tanto Hathor como seu filho eram frequentemente representados segurando um sistrum, um instrumento parecido com um guizo que se acreditava repelir espíritos malignos.

No submundo, conhecido como Duat, Hathor fornecia alimento espiritual para as almas dos mortos. Embora suas qualidades nutridoras a comparassem a Ísis e outras deusas-mãe, ela também representava a destruição. Segundo um mito, o deus sol Re, em sua velhice, decidiu punir a desobediência da humanidade e designou Hathor como um flagelo.

A deusa começou a massacrar tão fervorosamente que Re se arrependeu um pouco e decidiu que nem toda a humanidade deveria ser punida. Os outros deuses inundaram os campos com uma bebida intoxicante tingida com ocre vermelho. Hathor bebeu a cerveja, pensando que era sangue, e ficou tão intoxicada que cessou sua tarefa.

Santuários para Hathor eram comuns em todo o Egito, e ela era um dos deuses adorados em Heliópolis. Seu templo principal ficava em Dandarah (Dendera). O mais importante dos muitos festivais do templo foi a celebração do nascimento de Hathor, que aconteceu no advento do novo ano. O festival foi uma ocasião para uma revelação desenfreada em honra à deusa da alegria. Os gregos identificaram Hathor com sua deusa Afrodite.

---

*Questões de pesquisa*

---

1. Quem você diria que é o mais poderoso dos deuses egípcios femininos?
2. Como Hathor é diferente de outros deuses egípcios?
3. Quem é seu deus egípcio favorito e que histórias legais você aprendeu sobre eles?

# Heqet

*Também se soletra Heqtit ou Hekt.*

**Uma deusa de cabeça de sapo que personifica a geração, o nascimento e a fertilidade**

O Heqet às vezes era representado com o corpo de um sapo, e amuletos de sapo eram comuns no antigo Egito como encantos para a fertilidade.

Heqet também desempenhou provavelmente um papel no mito do renascimento do deus Osíris, já que ela foi representada como presente em sua mumificação, sentada em um pedestal aos pés de seu bier.

A adoração do sapo era um dos cultos mais antigos do Egito. Pensava-se que os deuses e deusas rãs tinham um papel vital na criação do mundo. Pouco antes da inundação anual do rio Nilo, os sapos apareciam em grande número, possivelmente levando à sua associação com a fecundidade e com o início da vida no mundo.

O Ogdoad Hermopolita consistia de quatro pares de deuses primitivos muito primitivos representando a noite, a obscuridade, a eternidade e o sigilo e suas deusas correspondentes. Estes deuses eram todos representados com as cabeças de rãs, enquanto seus pares femininos eram representados com as cabeças de serpentes.

Heqet foi mencionado nos 'Textos em Pirâmide' do Velho Reino e foi pensado de várias maneiras como sendo uma forma da deusa Nut ou da deusa Hathor.

Ela pode ter sido originalmente a contraparte feminina do deus Khnum, cabeça de carneiro da criação, que moldou a forma dos humanos na roda de um oleiro, ou do deus crocodilo Sebek-Re de Kom Ombo.

Também foi dito que Heqet estava presente na concepção da rainha Hatshepsut em seu papel de deusa biológica, testemunhando a cena quando Khnum formou o corpo de Hatshepsut na roda de seu oleiro.

1. Com qual deusa egípcia seria a melhor pessoa para sair no Halloween?
2. O que você acha que sua deusa egípcia feminina favorita faz para se divertir?
3. O que podemos aprender da forma como as mulheres eram representadas no antigo Egito como deuses?

# Maat



**A deusa da verdade, da lei, da justiça e da harmonia e se apresenta como a personificação da ordem cósmica**

Uma antiga divindade de origem pré-dinástica, Maat era filha do deus sol Re e acredita-se que tenha surgido com o próprio Re fora do caos primordial de Nun. Maat determinou originalmente o curso diário do sol. Seu domínio se estendia a todos os cantos do universo. Seu nome significa "reta" e veio a implicar qualquer coisa que fosse genuína, real, ou verdadeira.

Em sua qualidade de deusa da ordem divina, Maat também foi associada aos deuses da criação Thoth, Ptah, e Khnum. Ela pode ser considerada como a contraparte feminina de Thoth. Uma divindade auto-criada, Maat ficou com Thoth no barco de Re quando se elevou acima das águas primordiais de Nun pela primeira vez. Como um elo entre a religião e a ordem social, Maat influenciou todos os aspectos da vida egípcia antiga altamente estruturada.

O maat era normalmente representado na forma de uma mulher usando um chapéu de uma única pluma de avestruz. A simetria da pluma pode ter simbolizado a igualdade e o equilíbrio. Em Duat, o submundo, o Salão do Julgamento (também chamado de Salão da Maati) era o seu reino, onde muitas vezes ela era mostrada em dobro. A duplicação pode ter simbolizado a união do Alto e do Baixo Egito.

Como Thoth, Maat desempenhou um papel central no julgamento dos mortos em Duat. Como mostrado na coleção de textos mortuários intitulada Livro dos Mortos, sua pena foi colocada em uma das balanças utilizadas para pesar a alma da pessoa morta.

Thoth manteve um registro do processo. Maat também presidiu os 42 assessores que tiveram que aprovar a passagem antes que o falecido pudesse ser introduzido na presença de Osíris, deus do submundo, e começar a vida eterna.

Durante os períodos ptolemaico e romano, os juízes egípcios usavam amuletos de Maat ao pescoço como emblemas da justiça e da verdade.

---



---

1. Como você acha que os antigos egípcios definiam uma divindade como bela? Há alguma característica específica que eles possam lhe atribuir que possa fazer parecer mais atraente ou apelativa?
2. Todos os deuses femininos estão relacionados uns com os outros?
3. Havia uma esfinge ou um grande gato que tinha a cabeça de uma mulher atraente como algumas deusas têm?

# Mut

*Também se soletra Maut.*

## Uma deusa mãe de cabeça de abutre, esposa do grande deus Amon e mãe de Khons

Amon, Mut e Khons formaram a tríade divina em Tebas. Amon era freqüentemente retratado com seu consorte Mut ao seu lado. Às vezes ela era retratada como o corpo de um abutre, como uma mulher com a cabeça de um abutre, ou como uma mulher vestindo um chapéu de abutre e as coroas unidas do Alto e do Baixo Egito.

Algumas vezes Mut foi mostrado de pé com os braços estendidos. Em suas mãos ela segurava o tornozelo, o sinal da vida, e um cetro de papiro, e a seus pés estava a pena de Maat, que representava a verdade.

As rainhas egípcias usavam o símbolo do abutre em suas coroas. Pensa-se que o abutre foi adotado como o símbolo da maternidade divina porque o abutre era conhecido por ser particularmente consciente e protetor de seus filhotes e porque os egípcios acreditavam que o abutre se reproduzia pelo poder da partenogênese, sem necessidade de machos.

Mut originalmente pode ter sido a contraparte feminina das águas do abismo primordial, personificada como a deusa Freira, mas mais tarde ela se associou a Amon. Conforme o status de Amon crescia no Novo Reino, e ele se consolidava com o deus Re como Amon-Re, o status de Mut crescia de forma correspondente.

Os adoradores de Amon-Re começaram a considerá-lo a divindade principal, da qual outros deuses eram na verdade aspectos. Mut também seguiu esta tendência, e ela foi considerada a personificação da única grande deusa; como tal, todas as deusas, incluindo Hathor, Sekhmet, Isis, Bastet, Nekhbet, e Nut, foram consideradas aspectos dela.

Quando Amon-Re era retratado com todo tipo de atributo animal e humano para indicar sua estatura como um deus todo-abrangente, Mut também era retratado com uma multiplicidade de atributos; ocasionalmente ela era até mostrada como um homem com um pênis e garras de um leão.

O centro da adoração de Mut, como o de Amon-Re, era em Tebas, onde um grande templo dedicado à deusa foi construído durante o reinado de Amenhotep III (1390-53 bc).

Uma avenida de esfinge levou a este templo, que ficava ao sul do santuário de Amon-Re. O templo de Mut era elaborado e até continha um lago artificial sagrado em forma de ferradura. Seu santuário em Tebas foi um centro religioso ativo por 2.000 anos.

---

*Questões de pesquisa*

---

1. Esses deuses foram retratados de maneira diferente dos humanos, ou apenas com roupas e características mais agradáveis?
2. O que você faria se um deus egípcio o desafiasse para um jogo de cartas?
3. Quem é sua deusa egípcia favorita e como você acha que ela contribuiu para a sociedade?

# Neith

Também grafado em Rede ou Nit.

**Uma deusa da criação, sabedoria e guerra, às vezes pensada como a mãe do grande deus sol Re, e associada a Toth, o deus do aprendizado e da inteligência**

*Os gregos identificaram Neith com sua deusa Atena.*

Neith é uma deusa de origens muito antigas. Em alguns textos, dizia-se que Neith foi autocriada, a "grande dama" que deu à luz a Re e que se criou nos tempos primitivos. Neith foi a divindade padroeira da cidade de Sais, no delta do rio Nilo.

Neith era geralmente retratado segurando duas flechas e um arco. Às vezes, seu traje de cabeça era a coroa do Baixo Egito, o sinal de seu nome, ou duas flechas cruzadas. Em outra aparência, durante os tempos de dinastia, ela era retratada como uma mulher com um crocodilo amamentando cada peito, talvez indicando que ela tinha o poder de dar vida sobre o rio Nilo.

Os atributos de Neith sugerem que originalmente ela era um espírito de madeira. A julgar pelos primeiros textos, sua adoração havia se tornado muito geral em todo o Egito. Ela era certamente adorada durante a primeira época da dinastia e, segundo alguns estudiosos, o fato de seu nome ter formado um componente de nomes reais muito cedo na 1ª dinastia indicava que sua adoração datava da primeira metade do período arcaico.

Neith foi citada como deusa de Sais na coleção de obras mortuárias intitulada Pyramid Text. Em textos posteriores ela apareceu em Duat (o submundo) como a deusa protetora de Duamutef, um dos quatro filhos de Horus que estavam representados nos frascos canópicos como guardiães do conteúdo do frasco, que eram os órgãos internos de uma múmia.

---

*Questões de pesquisa*

---

1. Quem eram duas das deusas mais poderosas da mitologia egípcia, e quem poderiam ser ou são suas contrapartes?
2. O que é um equívoco comum sobre como as divindades femininas eram representadas na religião egípcia?
3. Por que você acha que ambos os sexos (masculino e feminino) eram adorados por egípcios antigos?

# Nekhbet

*Também se escreve Nekhebet ou Nechbet.*

**A deusa coroada do Alto Egito e padroeira do parto**

Nekhbet era geralmente retratada como uma mulher com um abutre e a coroa branca do Alto Egito ou como o próprio abutre. Nekhbet junto com sua irmã, Wadjet (Uadjit, Utatchet ou Buto), a deusa coroada do Baixo Egito, constituía a entidade conhecida como as Duas Senhoras do Egito.

O Alto Egito, a parte sul do país, mais próxima à nascente do rio Nilo, foi simbolizado pelo abutre. O Baixo Egito, a parte norte do país que incluía a região do delta onde o Nilo se esvaziou no Mar Mediterrâneo, foi simbolizado pelo uraeus (cobra).

Quando o Alto e o Baixo Egito estavam unidos, estes símbolos juntos formaram uma coroa composta usada por todos os governantes do Egito depois disso, e as Duas Senhoras às vezes personificaram esta união.

O título, Duas Senhoras, foi acrescentado à lista de nomes reais durante a 1ª dinastia. As Duas Senhoras também podem ter sido associadas com as deusas irmãs Isis e Nephthys, sendo Nekhbet uma forma de Nephthys e Wadjet uma forma de Isis.

Em muitas inscrições, as Duas Damas foram representadas sentadas em cestas nas proximidades do cartucho do rei. Elas também foram retratadas com um disco alado.

1. Qual tem sido seu papel favorito de um deus feminino na mitologia egípcia?
2. Qual deusa você gostaria de representá-la se fosse egípcia?
3. Quais são alguns dos mitos mais conhecidos sobre as divindades femininas no antigo Egito?

# Nephthys

**Nephthys não é apenas uma deusa da morte, decadência e escuridão, mas também um mágico com grandes poderes de cura**

Ela era filha de Re e Nut, a irmã esposa do deus mau Seth, e irmã de Ísis e Osíris. Ela também era a mãe de Anubis, o deus cabeça de chacal do embalsamamento.

Nephthys era geralmente retratada como uma mulher que usava um capacete de disco e um par de chifres, em pé sob o hieróglifo de seu nome.

Ela aparecia frequentemente na arte funerária com os braços estendidos, de pé ao lado de sua irmã, Isis. Nas coleções de textos mortuários intitulados Livro dos Mortos e Textos da Pirâmide, Nephthys foi representada como uma deusa que ajuda e protege os mortos em sua passagem pelo Duat, ou pelo submundo.

Nephthys era uma deusa complexa. Ela era às vezes associada com seu marido-irmão Seth, mas ao contrário dele ela tinha aspectos positivos e negativos, particularmente sua capacidade de curar os doentes. Mais freqüentemente, ela era emparelhada com sua irmã mais conhecida, Isis.

Nephthys era considerado o lado escuro ou negativo de Ísis, já que Seth era o lado escuro de seu irmão Osíris. Como Ísis, acreditava-se que Nephthys tinha grande poder através de seu conhecimento de palavras sagradas e feitiços mágicos. Ela conhecia encantos que poderiam ressuscitar os mortos e impedi-los de causar danos.

Nephthys foi apelada como Senhora dos Deuses, Senhora da Vida, Senhora do Céu, Senhora das Duas Terras e Grande Deusa. Ela também foi às vezes associada com o deus da fertilidade Min. Muito provavelmente ela era uma antiga deusa mãe pré-dinástica que mais tarde veio a ser associada a Ísis, Osíris, Seth e Hórus sob a genealogia do deus Sol Re.

Segundo o mito, Nephthys não teve filhos de seu marido-irmão Seth. Ela o deixou e seduziu seu outro irmão, Osíris, por truques, apesar de ele ser casado com sua irmã, Isis. Nephthys concebeu assim seu filho, o deus Anubis, cabeça de chacal.

Mais tarde Seth assassinou e desmembrou Osíris. Nephthys chorou pelo deus perdido junto com Isis, e sua amizade foi restaurada; por causa deste mito, Nephthys e Isis ficaram conhecidas como as Irmãs Choradoras. Nephthys então ajudou a Ísis a encontrar e recolher as partes do corpo dispersas de Osíris. Juntas elas prepararam o leito fúnebre para ele e fizeram o pano fúnebre.

Nephthys foi associada ao ritual de enterro porque ela e Isis agiram como guardiãs da cabeça e dos pés do caixão. Nos Textos da Pirâmide ela foi retratada como amiga do falecido, e no Livro dos Mortos ela ficou atrás de Osíris enquanto o coração dos mortos era pesado no Grande Balanço. Nephthys prometeu proteger os puros de coração para sempre.

1.  Se algum de nós quisesse se tornar uma deusa egípcia, de que ferramentas precisaríamos e como faríamos isso?
2.  Existem outras influências que possam ter vindo deste deus feminino?
3.  Que papel os deuses egípcios desempenhavam na antiga sociedade egípcia?

# Nut

**A deusa do céu, e consorte do deus da terra Geb, seu irmão gêmeo**

*Os gregos identificaram Nut com o Titan Rhea, a mãe de seus deuses.*

Como a deusa do céu, Nut engoliu o sol à noite e deu à luz novamente pela manhã.

Nut era geralmente representada como uma mulher gigante, nua, cujo corpo, às vezes cravejado de estrelas, atravessava o céu, enquanto suas pernas alongadas e seus braços estendidos simbolizavam os quatro pilares do firmamento. O deus do ar Shu a apoiou sobre Geb. O escaravelho, o símbolo do sol da manhã, às vezes era mostrado com ela.

Alternativamente, Nut foi representada como uma mulher carregando um vaso de água em sua cabeça ou usando um toucado de chifres e o disco solar. Ela era freqüentemente representada segurando um tornozelo, o símbolo da vida, e uma varinha de papiro.

Assim como Hathor, Nut foi associada ao nascer e pôr-do-sol. De acordo com uma crença, à noite o sol entrava na boca de Nut e passava por seu corpo para nascer de seu ventre na manhã seguinte. Em um mito, Nut era a consorte do deus sol Re, que se zangou com Nut e Geb por terem tido relações sexuais um com o outro. Ele ordenou ao deus do ar Shu que separasse os amantes.

O deus da sabedoria, Thoth, sentiu pena de Nut e Geb e criou cinco dias extras no calendário não sujeitos à maldição de Re. De acordo com a maioria dos mitos, durante este tempo, Nut deu à luz quatro crianças: Osiris, Seth, Isis e Nephthys. Os adoradores do Nut cultivaram sua árvore sagrada, o sicômoro, em Heliópolis, uma antiga sede de adoração ao sol.

1. Você acha que em algum momento da história mais divindades femininas teriam sido adoradas se as mulheres desempenhassem um papel igual na sociedade?
2. O que você pensa sobre a teoria de que as deidades egípcias são na verdade baseadas nas vacas do Oriente Médio - e seu sucesso incomum deriva em parte da adesão a um antigo culto ao gado?
3. Qual das deusas egípcias faria a melhor amiga na década de 2020?

# Renpit

Uma deusa que personifica a passagem do ano e, conseqüentemente, a medição do tempo

O papel da Renpit foi simbolizado pela planta da palmeira, que produz regularmente e de forma previsível novas frondes. Renpit era geralmente representada como uma mulher usando um tiro de palma na cabeça ou carregando um na mão, e era associada ao deus Thoth e à deusa Ma'at.

---

*Questões de pesquisa*

---

1. As diferentes culturas (egípcia, grega, etc.) compartilharam mitos sobre divindades femininas ou todas as culturas respeitavam igualmente o poder feminino (ou não o respeitavam)?
2. O que você mais gosta nesta deusa em particular?
3. Por que as pessoas rezariam a estas deusas?

# Sekhmet

**A deusa cabeça de leão (ou sol) associada à guerra, pestilência e chamas**

Sekhmet foi a esposa de Ptah, o arquiteto cósmico, e a mãe de Nefertem e I-em-hetep (também soletrada Imhotep). Sekhmet, Ptah e Nefertem eram adorados como uma tríade de deuses na cidade de Memphis.

Sekhmet era geralmente retratado como uma mulher com a cabeça de uma leoa ou totalmente como uma leoa. Ocasionalmente, porém, ela era retratada como uma divindade masculina. Para simbolizar seu papel como uma deusa do fogo, suas estátuas eram frequentemente esculpidas em rocha ígnea como basalto ou granito.

O caráter de Sekhmet incorporou os aspectos benéficos e destrutivos do fogo, e por extensão ela era uma deusa que podia curar os doentes ou espalhar doenças. Como deusa da guerra, ela era hábil em inculcar medo em seus inimigos. Em seu aspecto benéfico, ela se fundiu com a deusa cabeçuda Bastet, que personificava o poder fertilizante do sol e protegia os homens de doenças. A relação entre Sekhmet e Bastet poderia ter sido um paralelo à relação entre as deusas irmãs Nephthys e Isis.

Sekhmet também era freqüentemente associado com a deusa da fertilidade Hathor, de cabeça de vaca. De acordo com um mito, o deus sol Re ordenou que Hathor destruísse a humanidade por sua desobediência.

Sekhmet a acompanhou, e em seu calor feroz e destrutivo ficou conhecido como o Olho de Re.

O abate conjunto deles foi tão severo e sangrento que Re se arrependeu. Ele foi capaz de impedir que Hathor e Sekhmet matassem os humanos restantes apenas fazendo Hathor e Sekhmet beberem em cerveja tingida com ocre vermelho, que eles bebiam porque acreditavam que era sangue.

Especulou-se que esta história refletia algum antigo ritual de sacrifício de sangue, mas nenhuma evidência física deste tipo de prática no Egito pré-dinástico foi jamais descoberta. Sekhmet compartilhou muitos aspectos em comum com a deusa hindu Kali e a deusa do antigo Oriente Médio Astarte.

---

*Questões de pesquisa*

---

1. O que significa "Sekhmet" no Antigo Egito, de acordo com alguns estudiosos antigos, ele se traduz vagamente em "o que prevalece". Mas o que isso realmente significa?
2. Em que mitologia da cultura não são comuns as divindades femininas?
3. Por que você acha que há tantas deusas no antigo Egito, apesar do fato de terem sido discriminadas por tanto tempo?

# Selket

*Também se soletra Selkit, Serqet, Selqet, Selquet e Selkis.*

**Uma deusa com cabeça de escorpião, protetora do jovem deus Horus, e a devota companheira de sua mãe, a deusa Ísis**

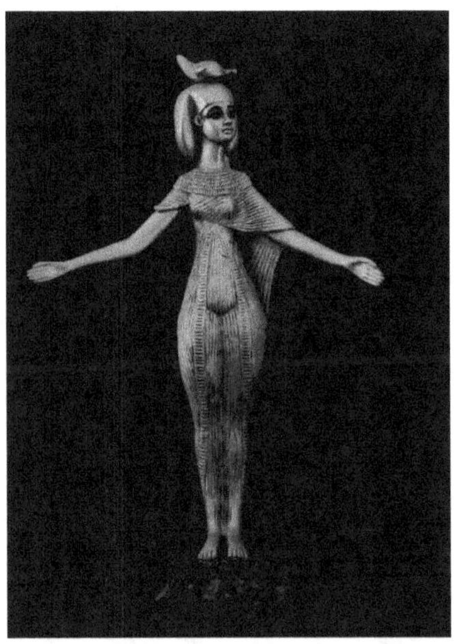

A Selket também estava associada à proteção dos mortos e suas entranhas. Selket era geralmente representado como uma mulher com uma cabeça de escorpião ou uma cabeça humana superada por um escorpião e às vezes como um escorpião com a cabeça de uma mulher. Seus braços são alados e frequentemente estendidos em um gesto de proteção. O selket era freqüentemente mostrado nas paredes dos túmulos.

O escorpião é conhecido pelo zelo com que cuida de seus jovens, o que pode explicar a associação do jovem Horus com esta deusa. Como o escorpião era sagrado para Ísis, os egípcios acreditavam que os adoradores de Ísis nunca seriam picados por um escorpião.

1. Que outras discussões similares podem ser influenciadas por este novo foco em deuses femininos através de culturas e religiões de várias formas de religião e regiões culturais ao redor do mundo?
2. Onde as pessoas podem encontrar mais informações sobre divindades femininas no antigo Egito?
3. Por que você acha que é importante estudar essas divindades femininas?

# Tefnut

*Também se escreve Tefenet.*

**A deusa da umidade e das chuvas**

Tefnut era a irmã gêmea e contraparte feminina do deus do ar Shu.
Tefnut era uma divindade pré-dinástica primitiva e era adorada como
parte de um sistema de deuses na antiga cidade egípcia de Heliópolis.

Tefnut era geralmente retratado como uma mulher com a cabeça de uma
leoa. Em sua cabeça, ela usava o disco solar, a cobra (uraeus), ou uma
combinação dos dois. Embora ela fosse associada a Shu e os dois fossem
os pais da deusa do céu Nut e do deus da terra Geb, Tefnut foi retratada
na arte egípcia com muito menos freqüência do que sua deusa gêmea
Shu.

Segundo a genealogia das divindades egípcias, Re, em seu aspecto de
Atum, criou sozinho os gêmeos Shu e Tefnut a partir de seu sêmen ou
cuspo; em alguns outros relatos, ele os criou com a deusa Hathor, cabeça
de vaca da fertilidade. Como mãe de Nut e Geb, Tefnut era a avó de
quatro deidades importantes na mitologia egípcia: Osiris, Isis, Seth e
Nephthys.

O papel de Tefnut na mitologia egípcia parecia algo contraditório e pode
ter representado a transformação de lágrimas de tristeza em raiva de

vingança. Seu nome foi pensado para significar "aquele que cospe". Em seu aspecto benéfico, ela era a deusa da umidade, que ajudava seu irmão-marido a apoiar sua filha Nut, a personificação do céu.

No entanto, às vezes o Tefnut era considerado como encarnando o poder do próprio sol e assim era retratado como uma leoa feroz. Seu aspecto mais feroz foi descrito em um mito no qual a todo-poderosa divindade sol Re, seu pai, decidiu obliterar a humanidade por sua desobediência, e ela vagueou pelo deserto em fúria, coberta pelo sangue de seus inimigos humanos. Nesta história, Tefnut era um duplo para a deusa cabeça de leão do fogo, Sekhmet.

---



---

4. Os eventos no Antigo Egito são úteis para a sociedade de hoje? O que você mudaria sobre como as mulheres são tratadas agora?
5. O que seus pensamentos e opiniões sobre o status da mulher na sociedade têm a dizer sobre Tefnut e outros deuses egípcios femininos?
6. A vida dessas antigas divindades contava histórias de seu tempo que deveríamos observar também hoje?

# Deuses com Formas Masculinas e Femininas



## Anubis

*Também chamado Anpu ou Anup.*

**O deus cabeça chacal do embalsamamento que guiou as almas dos mortos através do reino do submundo de seu pai, Osíris**

*Embora o nome do deus seja traduzido em textos como Anubis, esta é na verdade a forma grega do nome egípcio Anpu. Gregos e romanos continuaram a adoração do deus nos tempos clássicos. Havia um votivo para ele em Roma, e os escritores latinos Plutarco e Apuleuis o mencionam em suas obras.*

Considerado benevolente e bom, Anubis estava presente no submundo (Duat) na pesagem da alma da pessoa morta e também estava em casa nos reinos celestiais do céu do Re.

A mãe de Anubis era a deusa Nephthys. Nephthys, Ísis, Seth e Osíris eram todos filhos da deusa do céu Nut e do deus da terra Geb. Nephthys era casada com seu irmão Seth, e Isis era casada com seu irmão Osíris. Ocasionalmente, Anubis é considerado o filho de Seth, mas no mito mais prevalecente, Nephthys deixou Seth e seduziu o marido de sua irmã, Osíris. Ela concebeu Anúbis, mas quando Anúbis nasceu, ela o abandonou no deserto. Isis encontrou Anubis com a ajuda de alguns cães, e ela o criou.

Quando Anubis cresceu, ele guardava fielmente sua mãe adotiva e acompanhava Ísis e Osíris sempre que eles viajavam pelo mundo. Quando Seth assassinou e desmembrou seu irmão, Osíris, as irmãs, Isis e Nephthys, agora reconciliados, procurou por seu corpo, e Anubis os ajudou e os confortou. Quando encontraram todas as peças do corpo de Osíris, foi Anubis quem inventou a arte de embalsamar e mumificar para que seu pai pudesse viver novamente e reinar no mundo dos mortos.

Anubis é freqüentemente retratado como um homem com a cabeça de um chacal ou de um cão, mas às vezes é mostrado como tendo o corpo de um chacal ou cão também. Às vezes ele é retratado com um lado do rosto branco ou dourado e o outro preto para simbolizar sua posição tanto no reino celestial quanto no submundo.

Como o deus do embalsamamento, o espírito guia de Anubis esteve presente durante a mumificação do cadáver para que fosse um receptáculo adequado para o espírito reencarnado. Outro dever de Anubis foi cumprido durante a pesagem do coração da pessoa morta; o papel de Anubis era observar cuidadosamente o procedimento para garantir que ele fosse feito corretamente.

Se, segundo o Grande Equilíbrio, a pessoa não fosse pura, honesta e livre de pecado, Anubis tiraria o coração da balança e o jogaria para a besta Ammit, que o devoraria, destruindo a pessoa para sempre. Se, por outro lado, a balança mostrava que o defunto estava livre do pecado, a alma podia passar para a vida eterna.

Várias razões têm sido sugeridas para que um chacal ou cão venha a desempenhar um papel importante na morte e no embalsamamento. O chacal é um animal noturno, alimentando-se de carniça, e talvez em uma data precoce tenha sido deificado como um meio de implorar que não devorasse os corpos dos mortos.

Como um guia através do submundo, o cão teria excelentes instintos de guia e poderia guiar fielmente a alma através de seus perigos. No antigo Egito, cães semidomesticados eram conhecidos por vagar pelos cemitérios à noite e podem também ter sido usados propositadamente como guardas de tumbas.

Anubis foi auxiliado em suas tarefas em nome da alma morta por outro deus de cabeça de cão ou chacal, Wepwawet (também soletrado Upuat ou Upuaut, que significa "abridor de caminhos"), que também foi representado como um ajudante e guia para os mortos. Wepwawet era provavelmente um deus funerário primitivo cuja função era semelhante à de Anubis; às vezes Wepwawet é considerado uma outra forma de Anubis.

A adoração de Anúbis era muito antiga, provavelmente até mais antiga do que a adoração de Osíris. Anubis era a divindade local de Abydos e também era adorada em Lycopolis, Abt, e outras cidades.

1.  Como Anubis estava envolvido com o submundo?
2.  A vida dessas antigas divindades contava histórias de seu tempo que deveríamos observar também hoje?
3.  Qual é seu mito favorito sobre os deuses egípcios?

# Nun

*Também se escreve Nu.*

**O caos primordial aquoso a partir do qual o universo foi criado**

Nun deu origem ao Atum (Re-Atum), que foi pai de todos os deuses e deusas.

Nun foi personificada como um macho humano segurando um ceptro, como um macho humano com a cabeça de um sapo sobrepujada por um besouro, ou como um macho humano com a cabeça de uma cobra.

Originalmente a deusa Nut era sua contraparte feminina. Nos primeiros tempos, os egípcios acreditavam que Nun era a massa aquática sem limites a partir da qual tudo o que existia tinha sido criado; em tempos posteriores, o oceano e o rio Nilo às vezes também eram identificados com Nun.

Os hieróglifos retratando a Nun consistiam em três vasos de água, que representavam o sinal para o céu estendido, o determinante para a água, e o sinal para Deus. Juntos, estes indicavam que Nun era deus de uma massa aquosa do céu.

1. O que é um deus egípcio com o qual você gostaria de ser amigo se tivesse a chance?
2. Algum dos deuses egípcios já apareceu em algum de seus sonhos antes?
3. Você já viu algum filme de deus egípcio antes?

# Deidades Menores (Masculino)

## Apopis

*Também se escreve Apep, Apop, Apophis, ou Aapef.*

**Uma serpente gigante, o demônio primário da noite, e o principal inimigo do deus sol Re**

*Apophis é o nome grego para o Apopis egípcio.*

O nome Apopis significa "o Rugidor". Apopis era uma forma do deus mau das trevas, Seth, irmão de Osíris, deus do submundo (Duat). Todas as noites Re, auxiliado por Osíris, o filho de Osíris, Horus, e outros deuses e deusas, tinha que combater a serpente e destruí-la. Somente após esta batalha entre as forças do bem e do mal, da luz e das trevas, o sol pôde nascer novamente.

Apopis pode ter sido um deus da tempestade em tempos pré-dinásticos. Nos tempos do Velho Reino ele havia se tornado o senhor dos poderes das trevas e o inimigo dos mortos que desejam desfrutar da vida eterna, porque se acreditava que os mortos só poderiam voltar à vida se Apopis fosse derrotado.

Originalmente, de acordo com o mito, Apopis nasceu da escuridão que envolveu o caos primitivo de Nun. O deus Toth criou um poderoso feitiço para impedir que Apopis impedisse o nascer do sol, e Re foi capaz de matar Apopis aos pés do sicômoro de Heliópolis, que era sagrado para a deusa Noz. Apopis se tornou a personificação da hora mais escura antes do amanhecer.

Ao final de cada dia, os egípcios acreditavam, o deus sol Re tinha que passar pelo reino do submundo, chamado de Duat. Ele fazia isso em um barco, e um dos reinos do Duat que ele tinha que atravessar era o domínio de seu antigo inimigo Apopis. Apopis e um exército de demônios fariam tudo ao seu alcance para obstruir a passagem do barco do Re.

Assim, os egípcios acreditavam que o sol não se levantava simplesmente no céu; ele só podia fazê-lo após uma luta total com as forças da escuridão em que essas forças foram decisivamente derrotadas. Re e seus companheiros conseguiriam matar a serpente para que o sol pudesse nascer; no entanto, na noite seguinte Apopis estaria vivo novamente e tão ameaçador quanto na noite anterior.

Durante a batalha, Re e os outros deuses teriam que destruir completamente Apopis e uma série de monstros menores, incluindo os dois ajudantes de Apopis, Sebau e Nak. Eles teriam de lança-lo, cortá-lo com facas, quebrar todos os seus ossos, cortá-lo em pedaços e assar cada um dos pedaços em cinzas antes que ele fosse verdadeiramente derrotado.

A batalha contra o Apopis é mencionada com freqüência na coleção de textos mortuários intitulados "Livro dos Mortos". Outro texto ritual, O Livro do derrube da Apep, contém numerosas maldições e ameaças detalhadas contra o monstro. Estas maldições foram recitadas em voz alta em horários especificados durante o dia pelos sacerdotes no templo de Amon-Re em Tebas, na crença de que proferi-las ajudou Re em sua batalha. Os sacerdotes tinham uma figura de Apopis feita de cera, com seu nome inscrito em tinta verde.

Eles também tinham figuras de ajudantes de Apopis embrulhadas em papiro. Cada dia, durante suas recitações, os sacerdotes lançavam, cortavam, cortavam e queimavam as figuras de Apopis e dos outros monstros em uma cerimônia para ajudar a vitória de Re.



Questões de pesquisa

1. Você acredita no poder dos deuses egípcios?
2. Com tantos deuses egípcios para adorar, qual deles é o seu favorito e por quê?
3. Existe alguma história sobre um deus ou deusa egípcia que você acha que poderia explorar para a aula?

# Apis

**O mais famoso dos touros sagrados do Egito, considerado a encarnação do deus Ptah e adorado como um deus no templo de Ptah, na antiga cidade de Memphis**

A adoração de um determinado touro vivo escolhido como deus encarnado data já da 1ª dinastia, mas tornou-se especialmente popular durante o reinado dos faraós Ramesside (c. 1292-1075 bc), e o animal foi consultado como um oráculo.

Após a morte do touro Apis, ele foi associado ao deus dos mortos, Osíris, e em uma fase tardia da religião egípcia durante o período Ptolemaico, o touro Apis foi fundido com o deus Osíris e adorado como Ausar-Apis (Osorapis) ou Serapis.

O deus Ptah foi o criador de todas as formas, o arquiteto divino, e foi a virilidade e a proeza sexual do deus que se pensava estar especificamente incorporada ao touro. O touro Apis vivia em grande esplendor em um palácio do templo construído especificamente para abrigá-lo, logo ao sul do templo de Ptah em Memphis. Lá ele tinha belas camas de linho para deitar e era servido apenas comidas e bebidas especiais.

Ptah recebeu sua escolha das melhores vacas para acasalar. A mãe do touro sagrado também recebeu seus próprios apartamentos no palácio do touro. Normalmente, o touro sagrado era atendido apenas por seus sacerdotes, mas ocasionalmente ele era levado para aparições e procissões públicas, e seu aniversário era comemorado com um feriado de sete dias.

Os faraós do Egito doaram grandes somas para a manutenção do touro Apis. Além disso, o comportamento do touro foi considerado profético, e muitas pessoas vieram consultá-lo como um oráculo, observando suas ações em sua presença como favoráveis ou desfavoráveis.

As pessoas também poderiam dormir em certos quartos do palácio do touro e ter seus sonhos interpretados depois. Sacrifícios foram feitos para o touro na forma de bois que foram decapitados e rezados.

Alexandre o Grande e o imperador romano Tito estavam entre aqueles conhecidos por terem apresentado oferendas ao touro sagrado.

As contas diferem sobre o destino do touro Apis bull. Ou o touro foi sacrificado quando atingiu a idade de 25 anos, ou foi deixado para viver sua vida natural. Mas após a morte o touro foi sempre embalsamado e mumificado com a mesma solenidade como se fosse um faraó, e foi cuidadosamente enterrado em um grande ritual funerário no Serapeum (um templo antigo) na cidade de Saqqarah.

O Serapeum tornou-se um lugar de peregrinação não só para egípcios, mas também, nos tempos clássicos, para gregos e romanos.

Consistia em um labirinto de catacumbas entalhadas na rocha calcária subterrânea, com capelas erguidas para os adoradores. Em 1851 arqueólogos desenterraram 64 touros mumificados neste local de enterro, cada um em seu enorme sarcófago de granito.

Depois que o touro Apis foi enterrado, começou um período de luto, durante o qual foi realizada uma grande busca em todo o Egito por seu sucessor. Este deus bezerro encarnado seria reconhecido, acreditavam eles, por 29 marcas físicas distintas e uma coloração negra profunda com manchas brancas, incluindo uma marca específica em sua testa (variadamente descrita como um quadrado, um triângulo ou uma forma crescente).

Quando tal bezerro foi encontrado, ele foi alimentado por padres durante 40 dias e depois colocado em uma cabine dourada em uma barcaça especial para transportá-lo pelo rio Nilo até seu palácio em Memphis. Na cidade de Heliópolis, outro touro sagrado foi igualmente venerado.



1. Se um dos deuses descesse à Terra, quem você quereria que fosse e por quê?
2. De qual divindade egípcia você poderia ter sido um adorador?
3. Você acha que os egípcios tinham muitos deuses diferentes?

# Além

**Um deus anão benevolente associado ao parto, com música e dança, jovialidade, alegria e prazer**

Bes foi retratado com pernas arqueadas e um grande estômago, e algumas vezes ele usava uma tiara de penas e um traje de pele de pantera. Enquanto a maioria dos deuses e deusas egípcios eram mostrados de perfil, Bes é geralmente mostrado de frente, seu rosto em uma careta, sua língua protuberante. Sua figura era freqüentemente esculpida nas alças dos espelhos e dos vasos cosméticos.

Bes era conhecido dos tempos do Velho Reino. No Novo Reino, os relevos em Dier-al-Bahri mostram o deus que assistiu ao nascimento da rainha Hatshepsut. Ele é representado nas casas de nascimento dos templos e é mostrado proporcionando diversão e companhia para os faraós quando crianças.

Além disso, tornou-se associado com o horus deus-criança. Como guardião das crianças reais, ele se tornou o inimigo das serpentes, e é mostrado matando-as através do estrangulamento e mordendo-as até a morte.

Quando ele estava no submundo (Duat), Bes tornou-se mais sinistro e guerreiro, mas sua missão ainda era fazer guerra contra as forças das trevas e lutar por aqueles que estavam sob sua proteção. Na cultura Dinástica tardia, a figura frequentemente itifálica de Bes foi transformada em amuletos como uma forma de magia protetora. Nos tempos clássicos, seu oráculo era consultado em Abydos.

1.  O que é uma boa ou má qualidade de um deus/deusa egípcio para os humanos?
2.  Se você fosse uma reencarnação de um deus egípcio, qual seria ele?
3.  Você já visitou o Egito, ou um templo ou museu egípcio antes?

# Min

*Também chamado Amsu.*

**Um deus da fertilidade, da geração, da chuva, das boas colheitas e da virilidade**

Os gregos identificaram Min com seu deus Pan.

Min também pode ter sido adorado como um deus dos viajantes e das estradas. Ele foi associado a Horus como Min-Horus e em tempos posteriores foi identificado com Amon-Re. O centro de sua adoração era em Coptos e Panopolis no Baixo Egito, mas sua adoração era generalizada.

Min também era um deus dos caçadores e nômades em toda a região do deserto oriental. Os líderes das caravanas rezavam para ele antes de partir para o deserto. Estátuas de Min decoradas com conchas e peixe-espada foram encontradas; sugerem que ele se originou como um deus marítimo trazido ao Egito por pessoas que viajavam através do deserto oriental.

Min era geralmente retratado como um homem com um falo erecto, segurando um chicote em sua mão direita. Ele usava um cocar de duas plumas com uma serpentina na parte de trás. Seus festivais freqüentemente aconteciam no início da época da colheita.

O primeiro molho da colheita foi oferecido a ele pelo próprio rei em ritual de apreciação.

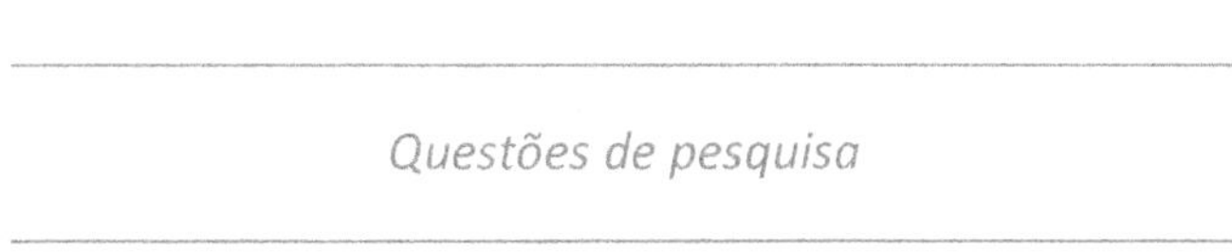



1.  Por que você acha que tantos faraós foram enterrados ao lado de gatos, cães e macacos por toda a eternidade?
2.  Você pode nomear outras pirâmides além das de Gizé que estão em um planalto desértico?
3.  Como você acha que nos compararíamos ao Antigo Egito se eles ainda estivessem por perto hoje?

# Serapis

*Também se soletra Sarapis, Ausar-Apis, ou Osorapis.*

**Uma divindade composta que uniu os atributos de Osíris, deus do Duat (submundo), e o touro Apis adorado na cidade de Memphis**

Serapis era freqüentemente retratado como um homem com a cabeça de um touro, usando o disco solar e a cobra (uraeus) entre seus chifres, e segurando símbolos de Osíris em suas mãos. Às vezes ele era mostrado como um homem com barba e cabelo encaracolado, com uma cesta na cabeça.

O touro Apis foi considerado, enquanto vivia, como a encarnação do deus Ptah, o arquiteto divino, e foi adorado como um oráculo. Após sua morte, porém, o touro foi considerado ainda mais poderoso, pois os atributos de Ptah se fundiram com a encarnação de Osíris.

O touro de Serapis foi enterrado com ritual solene no Sarapeum (um templo antigo) perto de Saqqarah. Peregrinos viajavam ao Sarapeum e rezavam pelos favores dos deuses em capelas contendo estátuas e estelas (lajes ou pilares de pedra inscrita) dedicadas a Serapis. Ele tinha uma reputação particular por curas milagrosas. Sessenta e quatro touros mumificados foram escavados no local de Saqqqarah em 1851.

Serapis foi um desenvolvimento tardio na teologia egípcia. Serapis tornou-se o deus do estado durante o tempo dos Ptolomeus, e alguns estudiosos acreditam que o próprio culto foi deliberadamente fundado durante o reinado de Ptolomeu I Soter (323-285 bc) para fornecer uma estrutura religiosa comum tanto para os egípcios quanto para os gregos que haviam se estabelecido no Egito. De fato, Serapis era o nome grego para o deus, cujo nome no Egito era um composto de Osíris e Apis.

A adoração de Serapis era muito popular em Alexandria, a capital dos Ptolemies, onde o templo torre dedicado a Serapis tinha uma fundação de 100 degraus e foi descrito por autores antigos como uma das maiores estruturas da antiguidade.

Serapis também foi uma divindade popular na Grécia. Em Roma, onde Ísis e Horus eram divindades egípcias transplantadas populares, Serapis passou a ser considerado como o homólogo masculino de Ísis.

Embora a adoração de Serapis fosse generalizada entre todas as classes sociais do Império Romano, estendendo-se até o norte de York na Grã-Bretanha, nunca foi central para a religião egípcia fora da região do delta do rio Nilo.

---



---

1. O quanto os deuses egípcios têm em comum com seus congêneres gregos ou romanos?
2. Se você pudesse mudar o que os egípcios acreditam sobre um certo deus, qual seria e por quê?
3. Quais deidades menores você gostou de saber mais sobre?

# Divindades menores (Feminino)

## Ammit

**Uma fera associada ao momento do julgamento**

Representado em textos funerários como o Livro dos Mortos, Ammit é uma criatura feminina composta com a cabeça de um crocodilo, as pernas dianteiras de um leão e os quartos traseiros de um hipopótamo. Aquelas almas cujos corações não se equilibraram na escala da verdade foram devoradas por esta besta, e assim esta pessoa foi remetida ao esquecimento.

No Salão do Julgamento, Ammit, o "comedor dos mortos" ou "o devorador", esperou impacientemente aos pés do deus escriba Thoth, enquanto o coração do morto era pesado em uma panela do Grande Equilíbrio. A outra panela segurava uma pena de avestruz, a pena de Maat (verdade). Se os atos do morto fossem puros, reverentes e honestos, o coração e a pena estavam equilibrados.

Em tal caso, Thoth registraria que a pessoa deveria ser poupada e tornar-se um dos mortos abençoados. Os mortos seriam então conduzidos à presença do deus do submundo, Osíris, que ele mesmo ressuscitou dos mortos, e como ele viveria para sempre.

Se, no entanto, a balança baseava, e o coração era mais pesado que a pena, a pessoa provou ser indigna da vida eterna. Neste caso, o deus funerário cabeça de chacal Anubis atirava o coração para Ammit. Ela o devoraria avidamente, e a pessoa pereceria para sempre.

1. Se você quisesse provar um pouco da história e da cultura egípcias, o que poderia fazer?
2. Qual é sua cidade favorita no Egito?
3. Quais são algumas deusas/deusas egípcias divertidas para aprender mais sobre?

# Seshat

*Também se escreve Sesat, Sefekht ou Seshet.*

**A deusa da história, da literatura, da medição e da gravação**

Seshat era a contraparte feminina de Thoth, deus padroeiro da sabedoria.
Seshat era geralmente retratado como uma mulher usando a pele de uma
pantera, com uma flor de sete pétalas na cabeça, carregando uma paleta
e uma caneta de cana, itens que simbolizavam sua função como
registradora de eventos históricos.

---

*Questões de pesquisa*

---

1. Algum desses deuses poderia ter uma identidade secreta que
   ninguém conhece a não ser eles e seus sacerdotes ritualistas?
2. Quando começou e terminou o reinado dos deuses egípcios?
3. Quantos templos foram dedicados a esses deuses ao longo da
   história do Egito?

# Taurt

*Também chamado Taweret, Thoueris, Opet, ou Apet.*

**A deusa hipopótamo associada ao parto e à maternidade**

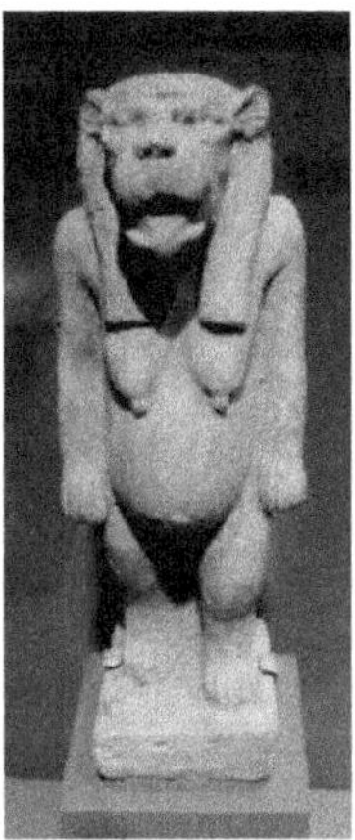

Na sua qualidade de deusa da criação, ela era adorada na cidade de Karnak. Taurt, como Apet, era a personificação do antigo Apt de assentamento, do qual derivava o nome de Tebas.

Taurt era geralmente retratada como uma hipopótamo fêmea em pé, com seios humanos grandes e pendentes, seu pé esquerdo apoiado em um sa, um símbolo de proteção para os viajantes do rio. Ela era considerada como uma forma da deusa da fertilidade Hathor.

*Questões de pesquisa*

1. Qual é a única coisa que você gostaria de saber mais sobre um deus egípcio?
2. Quem é Taurt, e por que é importante incluí-la em textos antigos?
3. Quais destes deuses e deusas clássicos você aprendeu na escola?

# Outros

## Akhenaton

No século XIV bc o faraó egípcio Amenhotep IV empreendeu uma reforma religiosa ao tentar deslocar todas as divindades tradicionais com o deus Sol Aton (também soletrado Aten). Em honra do deus, o faraó mudou seu nome para Akhenaton (também soletrado Ikhnaton), que significa "benéfico para o Aton". Akhenaton governou de 1353 a 1336 bc.

Sua rainha era Nefertiti, uma das mulheres mais famosas da história egípcia. Alguns anos após sua morte, o menino Rei Tutankhamen, cuja descoberta do túmulo em 1922 foi uma sensação arqueológica, tornou-se governante.

A reforma de Akhenaton foi vista por alguns como uma das primeiras tentativas de impor o monoteísmo, a crença em um só deus, embora a religião do Aton possa ser melhor descrita como a adoração de um deus em preferência a todos os outros. Em algum momento Akhenaton iniciou um programa para apagar o nome e a imagem do deus Theban, Amon, de todos os monumentos. Para reforçar ainda mais sua visão, Akhenaton mudou a capital do país de Tebas para um local 300 quilômetros ao norte, que ele chamou de Akhetaton (agora chamado Tell el-Amarna).

Sua principal intenção era construir uma cidade dedicada à adoração do Aton separada dos cultos já estabelecidos. Ainda assim, o monoteísmo não foi completo, pois as casas particulares renderam numerosas figuras de deidades domésticas, e estelas dedicadas às deidades tradicionais, como Ísis e Tausret, foram encontradas em algumas das capelas particulares.

As reformas de Akhenaton, e o renascimento artístico e literário que as acompanhou, não sobreviveram por muito tempo. Tão grande parte de seu tempo foi dedicado à religião que o poderoso império egípcio começou a desintegrar-se.

Isto, combinado com a oposição dos sacerdotes dos deuses deslocados, trabalhou para minar a nova religião. Após a morte de Akhenaton, a capital foi transferida de volta para Tebas e os antigos deuses, nunca totalmente rejeitados pela população em geral em primeiro lugar, foram restaurados.

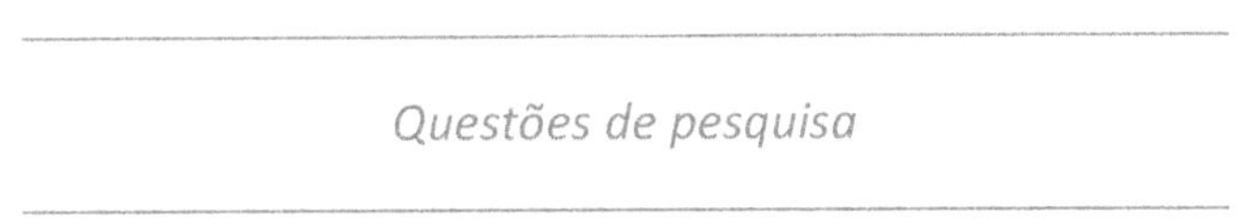

*Questões de pesquisa*

1. Funcionou para os adoradores de Akhenaton no final?
2. Existe uma situação comparável com qualquer religião moderna que você conheça?
3. Como essas mudanças afetaram o povo do Egito em termos de como eles adoravam e realizavam rituais para seus deuses?

# Seu Presente

Você tem um livro em suas mãos.

Não é um livro qualquer, é um livro de livros para a imprensa estudantil! Nós escrevemos sobre os heróis negros, a capacitação das mulheres, mitologia, filosofia, história, e outros assuntos interessantes!

Desde que você comprou um livro, queremos que você tenha outro de graça.

Tudo o que você precisa é um endereço de e-mail e a possibilidade de assinar nossa newsletter (o que significa que você pode cancelar a inscrição a qualquer momento).

Então, do que você está esperando? Inscreva-se hoje e reclame seu livro gratuito imediatamente! Tudo o que você precisa fazer é visitar o link abaixo e digitar seu endereço de e-mail. Você receberá o link para baixar a versão em PDF do livro imediatamente para que possa ser lido offline a qualquer momento.

E não se preocupe - não há taxas de captura ou escondidas; apenas um bom brinde à moda antiga de nós aqui na Student Press Books.

Visite este link agora mesmo e inscreva-se para receber seu exemplar gratuito de um de nossos livros!

Link: https://campsite.bio/studentpressbooks

# Livros

Nossos livros estão disponíveis em todos os principais revendedores de livros on-line. Confira os pacotes digitais de nossos livros aqui: https://payhip.com/studentPressBooksPTBR

**A série de livros História da Negritude**

Bem-vindo à série de livros  História da Negritude. Conheça negros que são exemplos de conduta com estas biografias inspiradoras sobre negros inovadores da América, África e Europa. Todos nós sabemos que a História da Negritude é importante, mas pode ser difícil encontrar boas fontes.

Muitos de nós estamos familiarizados com uma desconfiança habitual em relação aos livros de cultura e história que apenas apresentam personagens muito populares, mas estes livros também apresentam heróis negros menos conhecidos e heroínas do mundo inteiro cujas histórias merecem ser contadas. Estes livros de biografia o ajudarão a entender melhor como o sofrimento e as ações das pessoas moldaram seus países e comunidades para gerações futuras.

*Títulos disponíveis:*

1. 21 Heróis Negros Inspiradores: A vida de Realizadores Importantes do século 20: Martin Luther King Jr., Malcolm X, Bob Marley & Outros
2. 21 Heroínas Negras Excepcionais: História de Negras Importantes do Século 20: Daisy Bates, Maya Angelou & Outras

**A série de livros Empoderamento Feminino.**

Bem-vindo à série de livros Empoderamento Feminino. Aprenda sobre modelos femininos destemidos dos tempos modernos com estas biografias inspiradoras de homens e mulheres inovadoras do mundo inteiro. O empoderamento feminino é um tópico importante que merece mais atenção do que recebe. Durante séculos foi dito às mulheres que seu lugar é no lar, mas isto nunca foi verdade para todas as mulheres ou mesmo para a maioria delas.

As mulheres ainda estão sub representadas nos livros de história e as que são apresentadas tendem a ser relegadas a algumas páginas. No entanto, a história está repleta de histórias de mulheres fortes, inteligentes e independentes que superaram obstáculos e mudaram o curso da história simplesmente porque queriam viver suas próprias vidas.

Estes livros biográficos o inspirarão enquanto também ensinam lições valiosas sobre perseverança e superação de adversidades! Aprenda com estes exemplos que tudo é possível se você trabalhar duro o suficiente para isso!

***Títulos disponíveis:***

1.  21 Mulheres Excepcionais: A vida de Lutadores pela Liberdade e Rompedoras de Barreiras: Angela Davis, Marie Curie, Jane Goodall & Outras
2.  21 Mulheres Inspiradoras: A Vida de Mulheres Corajosas e Influentes do Século 20: Kamala Harris, Madre Teresa & Mais
3.  21 Mulheres Fantásticas: A Vida Inspiradora de Artistas Criativas do Século 20: Madonna, Yayoi Kusama & Mais
4.  21 Mulheres Incríveis: As Vidas Influentes de Mulheres Ousadas na Ciência do Século 20

**A série de livros dos Líderes Mundiais.**

Bem-vindo à série de livros dos Líderes Mundiais. Descubra os modelos de conduta reais e presidenciais do Reino Unido, EUA e outros países. Com estas biografias inspiradoras sobre as famílias reais, presidentes e chefes de estado você aprenderá sobre as pessoas corajosas que ousaram liderar, incluindo citações, fotos e fatos raros.

As pessoas são fascinadas pela história e pela política e por aqueles que a moldaram. Estes livros apresentam novas perspectivas sobre a vida de figuras notáveis. Esta série é perfeita para qualquer um que queira aprender mais sobre os grandes líderes de nosso mundo; jovens leitores ambiciosos e adultos que gostam de ler sobre pessoas interessantes.

***Títulos disponíveis:***

1. Os 11 Membros da Realeza Britânica: A Biografia da  Casa de Windsor: Rainha Elizabeth II e Príncipe Philip, Harry e Meghan, e Outros
2. Os 46 Presidentes dos Estados Unidos: Suas Histórias, Conquistas e Legados: De George Washington a Joe Biden
3. Os 46 Presidentes dos Estados Unidos: Suas Histórias, Conquistas e Legados - Edição Estendida

**A série de livros de Mitologia Cativante.**

Bem-vindo à série de livros de Mitologia Cativante. Conheça os Deuses e Deusas do Egito e da Grécia, as divindades nórdicas e outras criaturas mitológicas.

*Quem são estes antigos deuses e deusas? O que sabemos sobre eles? Quem realmente eram? Por que as pessoas os adoravam nos tempos antigos e de onde vinham esses deuses?*

Estes livros apresentam novas perspectivas sobre os deuses antigos que inspirarão os leitores a compreender seu lugar na sociedade e aprender sobre a história. Estes livros de mitologia também abordam tópicos que a influenciaram a religião, literatura e arte, através de um formato envolvente com fotos ou ilustrações atraentes.

***Títulos disponíveis:***

1. Egito Antigo: Um Guia para os Misteriosos Deuses e Deusas Egípcias: Amun-Ra, Osiris, Anubis, Horus & Outros
2. Grécia Antiga: Um Guia dos Deuses Gregos Clássicos, Deusas, Deidades, Titãs e Heróis: Zeus, Poseidon, Apollo & Outros
3. Antigos Contos Nórdicos: Descubra os Deuses, Deusas e Gigantes dos Vikings: Odin, Loki, Thor, Freya & Outros

**A série de livros de Teoria Simples.**

Bem-vindo à série de livros Teoria Simples. Conheça a Filosofia, as ideias de filósofos antigos e outras teorias interessantes. Estes livros apresentam as biografias e ideias dos filósofos mais populares de lugares como a Grécia antiga e a China.

A filosofia é um assunto complexo e muitas pessoas lutam para entender até mesmo o básico dela. Estes livros são projetados para ajudá-lo a aprender mais sobre filosofia e são originais por causa de sua abordagem simples. Nunca foi tão fácil ou mais divertido obter uma maior compreensão da filosofia do que com estes livros. Além disso, cada livro também inclui perguntas para que você possa se aprofundar em seus próprios pensamentos e opiniões!

### Títulos disponíveis:

1.  Filosofia Grega: As Vidas e Ideias dos Filósofos da Grécia Antiga : Sócrates, Platão, Pitágoras e outros
2.  Ética e Moralidade: Filosofia Moral, Bioética, Desafios Médicos e Filósofos Afins

## A série de livros "Empoderamento de Jovens Empreendedores".

Bem-vindo à série de livros "Empoderamento de Jovens Empreendedores". Nunca é cedo demais para jovens ambiciosos iniciarem suas carreiras! Quer você seja um indivíduo de espírito empresarial tentando construir seu próprio império, quer seja um aspirante a empresário começando um longo e sinuoso caminho, estes livros o inspirarão com as histórias de empresários de sucesso.

Aprenda sobre suas vidas e seus fracassos e sucessos que farão você querer ter o controle de sua vida em vez de simplesmente vivê-la!

### Títulos disponíveis:

1.  21 Empreendedores Bem-sucedidos: As vidas de realizadores importantes do século 20: Elon Musk, Steve Jobs e Outros
2.  21 Empreendedores Revolucionários: As vidas de empresários incríveis do século 19: Henry Ford, Thomas Edison e outros

## A série de livros História Fácil.

Bem-vindo à série de livros História Fácil. Explore vários assuntos históricos desde a idade da pedra até os tempos modernos, mais as ideias e pessoas influentes que viveram ao longo dos tempos.

Estes livros são uma ótima maneira de entusiasmá-lo com a história. As pessoas são muitas vezes desligadas de livros com textos secos e chatos, mas elas adoram histórias de pessoas comuns que fizeram a diferença no mundo. Estes livros lhe dão essa oportunidade enquanto ainda lhe dão informações históricas importantes.

***Títulos disponíveis:***

1. Primeira Guerra Mundial: A Primeira Guerra Mundial, suas Grandes Batalhas e o Povo e as Forças Envolvidas
2. Segunda Guerra Mundial: A História da Segunda Guerra Mundial, Hitler, Mussolini, Churchill e outros personagens-chave envolvidos
3. O Holocausto: Os nazistas, a Ascensão do antissemitismo, Kristallnacht e os Campos de Concentração Auschwitz & Bergen-Belsen
4. A Revolução Francesa: O Antigo Regime, Napoleão Bonaparte, e as Guerras Revolucionária Francesa, Napoleônica e de Vendée

Nossos livros estão disponíveis em todos os principais revendedores de livros on-line. Confira os pacotes digitais de nossos livros aqui: https://payhip.com/studentPressBooksPTBR

# Conclusão

Esperamos que tenha gostado de ler sobre os Misteriosos Deuses e Deusas egípcios. Cobrimos tudo o que você queria saber sobre o mundo antigo? Se não, não se preocupe. Temos outros livros sobre mitologia que certamente responderão a quaisquer perguntas ou curiosidades!

Vamos dar uma rápida olhada em alguns dos fatos mais interessantes e incomuns que aprendemos sobre esses deuses.

Por exemplo, você sabia que os deuses egípcios são frequentemente retratados com cabeças de animais? Você pode ler tudo sobre eles novamente neste livro!

Esperamos que este livro tenha lhe dado uma apreciação da mitologia egípcia, assim como muitos novos conhecimentos para compartilhar com seus amigos. Leia-o novamente algum dia!

Você já leu este conteúdo educacional? O que você achou? Deixe sua opinião fazendo uma bela resenha deste livro!

Nós amaríamos isso, então, não se esqueça de escrever uma!

www.ingramcontent.com/pod-product-compliance
Lightning Source LLC
Chambersburg PA
CBHW061244140726
47998CB00006B/2091